महाराजा सूरजमल का युग एवं प्रवृत्तियाँ

डॉ. मोहनलाल गुप्ता

Shubhada Prakashan

शुभदा प्रकाशन, जोधपुर

प्रकाशक

शुभदा प्रकाशन
प्रकाशक एवं वितरक

63, सरदार क्लब योजना
वायुसेना क्षेत्र, जोधपुर (राज.)
पिन- 342011

Cellphone : 94140 76061
E-mail : mlguptapro@gmail.com
Website : www.bharatkaitihas.com
www.rajasthanhistory.com
Google App : Rajasthan History Shubhda Prakashan
YouTube Channel : Glimpse of Indian History By Dr. Mohanlal Gupta
Stories From Hindu Dharma
Dipti Tayal's World OF Indian History

ISBN : 978-81-941984-9-9
द्वितीय संस्करण : **2020**
मूल्य : **एक सौ नब्बे रुपए मात्र (RS. 190.00)**

शुभदा प्रकाशन, जोधपुर के लिए ट्राइडेण्ट एण्टरप्राइजेज, नोएडा द्वारा मुद्रित।

Maharaja Surajmal Ka Yug Evam Pravrittiyan

Author : Dr. Mohanlal Gupta ✯ 94140 76061
Publisher : Shubhada Prakashan, Jodhpur
Second Edition : 2020 ✯ **Price :** Rs. 190.00

बहिन श्रीमती अलका सक्सेना को

लेखकीय

महाराजा सूरजमल का युग भारत भूमि के लिए सचमुच ही बड़ा संकटापन्न था। उस युग की प्रवृत्तियाँ भारत के इतिहास में गहन विपत्ति-की सूचना देती हैं। जो विपत्ति ई.1192 में सम्राट पृथ्वीराज चौहान की तराइन की दूसरी लड़ाई में भयानक पराजय से आरम्भ हुई थी, वह विपत्ति ईस्वी 1707 में औरंगजेब की मृत्यु के समय तक घनघोर संकट में बदल चुकी थी। पश्चिम में हिन्दूकुश पर्वत से लेकर पूर्व में बंगाल की खाड़ी तक तथा उत्तर में हिमालय से लेकर दक्षिण में हिन्दमहासागर तक भारत के करोड़ों लोग हर प्रकार के अभाव में जी रहे थे। भारत की जनता सैनिक हिंसा तथा प्राकृतिक दुर्भिक्षों के दो पाटों के बीच पिसकर निर्धनता, अशिक्षा, भुखमरी एवं महामारियों से त्रस्त थी।

औरंगजेब की मृत्यु के साथ ही जब मुगल सल्तनत बिखरने लगी तो भारत की जनता का संकट और अधिक बढ़ गया। मुगलों ने दो शताब्दियों तक भारत में केन्द्रीय शक्ति होने का दायित्व निभाया था। इस कारण भारत की विभिन्न शक्तियाँ स्वतः नियंत्रण में रहती थीं किंतु औरंगजेब ने जिस क्रूरता और मक्कारी से देश पर शासन किया, उसके कारण मुगल सल्तनत भारत की केन्द्रीय शक्ति नहीं रही। जब मुगल सल्तनत मरने लगी तो भारत की विभिन्न शक्तियां मुगल-क्षेत्रों पर अधिकार करने के लिए आगे आईं तथाअपने लिए सुविधाजनक राज्य बनाने में जुट गईं। इस छीना-झपटी में वे परस्पर एक-दूसरे की शत्रु बन गईं। इन शक्तियों में राजपूत, जाट, सिक्ख, मराठे तथा प्रांतीय मुगल सूबेदार प्रमुख थे। पूरा देश जैसे गृह-युद्ध की चपेट में था। प्रत्येक राजा अपने पड़ौसी राजा से लड़ रहा था। सैनिक मर रहे थे और विधवाओं के क्रूर-क्रंदनों से पूरा देश स्तब्ध था। यही कारण था कि उस काल में संसार का शायद ही कोई अन्य देश होगा जो इतना बिखरा हुआ, इतना दीन-हीन, इतना जर्जर और विदेशी आक्रांताओं से इतना संत्रस्त होगा!

उस काल में भारत की राजनीति जबर्दस्त हिचकोले खा रही थी तथा देश विनाशकारी शक्तियों द्वारा जकड़ लिया गया था। ईरान एवं अफगानिस्तान से आए नादिरशाह तथा अहमदशाह अब्दाली जैसे आक्रांताओं ने उत्तर भारत में बहुत बड़ी संख्या में मनुष्यों, गौधन एवं पशुओं को मार डाला था और तीर्थों तथा मंदिरों को नष्ट कर दिया था। देश पर

चढ़कर आने वाले आक्रांताओं को रोकने वाला कोई नहीं था। श्रीविहीन हो चुके मुगल, न तो दिल्ली का तख्त छोड़ते थे और न अफगानिस्तान से आने वाले आक्रांताओं को रोक पाते थे। रूहेलों, तातारों, तुर्कों, बलूचों, आफरीदियों, कजलबिशों और ना–ना प्रकार के अन्य अफगानी कबीलों ने भारत भूमि को रौंद कर शमशान भूमि बना दिया था।

उस काल में उत्तर भारत के शक्तिशाली राजपूत राज्य, मराठों की दाढ़ में पिसकर छटपटा रहे थे। मराठे स्वयं भी नेतृत्व की लड़ाई में उलझे हुए थे। होलकर, सिंधिया, गायकवाड़ और भौंसले, उत्तर भारत के गांवों को नौंच–नौंच कर खा रहे थे। जब एक मराठा सरदार 'चौथ' और दूसरा 'सरदेशमुखी' लेकर जा चुका होता था तब तीसरा 'खण्डनी' लेने आ धमकता था। बड़े–बड़े महाराजाओं से लेकर छोटे जमींदारों तक की स्थिति बहुत बुरी थी। जाट, मराठे और रोहिले निर्भय होकर भारत की राजधानी दिल्ली के महलों को लूटते थे। रोहिलों के एक सरदार ने तो लाल किले में घुसकर शाही महिलाओं के साथ बलात्कार किए तथा बादशाह आलमशाह (द्वितीय) की आंखें फोड़कर उसे जेल में डाल दिया। जब दिल्ली के शासकों की यह दुर्दशा थी तब जन–साधारण की रक्षा भला कौन करता! भारत की आत्मा करुण क्रंदन कर रही थी।

चोरों ओर मची लूट–खसोट के कारण जन–जीवन की प्रत्येक गतिविधि– कृषि, पशुपालन, कुटीर धंधे, व्यापार, शिक्षण, यज्ञ–हवन एवं दान आदि ठप्प हो चुके थे। शिल्पकारों, संगीतकारों, चित्रकारों, नर्तकों और विविध कलाओं की आराधना करने वाले कलाकार भिखारी होकर गलियों में भीख मांगते फिरते थे। निर्धनों, असहायों, बीमारों, वृद्धों, स्त्रियों और बच्चों की सुधि लेने वाला कोई नहीं था। ऐसे घनघोर तिमिर में महाराजा सूरजमल का जन्म उत्तर भारत के इतिहास की एक अद्‌भुत घटना थी। वे अठारहवीं सदी के भारत का निर्माण करने के लिए उत्तरदायी प्रमुख व्यक्तियों में से एक थे। महाराजा सूरजमल ने राजनीति में विश्वास और वचनबद्धता को पुनर्जीवित किया, हजारों शिल्पियों एवं श्रमिकों को काम उपलब्ध कराया तथा ब्रजभूमि को उसका क्षीण हो चुका गौरव लौटाया। उन्होंने गंगा–यमुना के हरे–भरे क्षेत्रों से रूहेलों, बलूचों तथा अफगानियों को खदेड़कर किसानों को उनकी धरती वापस दिलवाई तथा हर तरह से उजड़ चुकी बृजभूमि को धान के कटोरे में बदल लिया। उन्होंने मुगलों और अफगान आक्रान्ताओं का भारतीय शक्ति से परिचय कराया तथा अपने पिता की छोटी सी जागीर को न केवल भरतपुर, मथुरा, बल्लभगढ़ और आगरा तक विस्तृत किया अपितु चम्बल से लेकर यमुना तक के विशाल क्षेत्रों का स्वामी बन कर प्रजा को अभयदान दिया।

सोलहवीं शताब्दी ईस्वी के कवि गोस्वामी तुलसीदासजी ने रामचरित मानस में लिखा है- 'नहीं असत सम पातक पुंजा।' अर्थात् असत्य के समान कोई पाप-समूह नहीं है। महाराजा सूरजमल ने जीवन-भर सत्य की साधना की। उस युग में यह एक असंभव सा दिखने वाला कार्य था किंतु कूटनीति, राजनीति तथा युद्धनीति के इस चतुर महापुरुष ने सत्य का साथ कभी नहीं छोड़ा। महाराजा सूरजमल के जीवन-चरित्र से प्रत्येक व्यक्ति को प्रेरणा लेने की आवश्यकता है। जब अफगानी आक्रांता भारत भूमि को नौंच-नौंचकर खा रहे थे, तब महाराजा ने अपने बुद्धि-चातुर्य से भारत के धन की रक्षा की तथा हिन्दू धर्म की प्रतीक भगवान श्रीकृष्ण की जन्मभूमि मथुरा की रक्षा के लिए अपने हजारों जाट सैनिकों का बलिदान देकर पूरी जाट जाति को अभूतपूर्व गौरव से सम्पन्न कर दिया।

विगत लगभग एक शताब्दी के कालखण्ड में भारत में एक दिग्भ्रमित सी अहिंसा की अवधारणा को फैलाया गया है। वस्तुत: वह अहिंसा नहीं है, हिंसक वर्ग का तुष्टिकरण है। महाराजा सूरजमल का जीवन हमें बताता है कि हिंसा का सामना शौर्य से किया जाता है। इसके लिए शस्त्र एवं शास्त्र दोनों में विवेकपूर्ण सामंजस्य स्थापित करने की आवश्यकता है। अहिंसा के आधे-अधूरे और खोखले सिद्धांत किसी भी राष्ट्र की प्रजा को बड़े रक्तपात की तरफ ले जाते हैं। ताकतवर मनुष्य की दहाड़ ही चारों तरफ शांति स्थापित कर देती है, महाराजा सूरजमल ने यह करके दिखाया।

आज जिन लोगों के कंधों पर देश को चलाने की जिम्मेदारी है, उनके लिए भी महाराजा सूरजमल प्रेरणा के स्रोत सिद्ध हो सकते हैं। उन्होंने विपत्ति में पड़े अपने शत्रुओं को शरण देने और सार्वजनिक जीवन में शुचिता को कभी न त्यागने का काम जीवनभर पूरी दृढ़ता से किया। आज यदि भारत को अपना पुनरुत्थान करना है तो देश के कर्णधारों को महाराजा सूरजमल की तरह निजी जीवन एवं सार्वजनिक जीवन में शुचिता एवं सत्यनिष्ठा का समावेश करना आवश्यक है। अपनी शक्ति की सीमा को जानकर भी उन्होंने शौर्य का मार्ग अपनाया, उस काल की किसी भी बड़ी शक्ति का तुष्टिकरण नहीं किया, न मुगलों का, न रूहेलों का, न जयपुर के शासकों का और न मराठों का।

इस पुस्तक में महाराजा सूरजमल के उसी अवदान को भारत की युवा पीढ़ी तक पहुंचाने का प्रयास किया गया है। आशा है यह पुस्तक भारत वर्ष की नई पीढ़ी को महाराजा सूरजमल की अक्षुण्ण कीर्ति का स्मरण कराने में सक्षम होगी।

-डॉ. मोहनलाल गुप्ता

अनुक्रमणिका

1. हिन्दुओं का देश भारत 9
2. तुर्की कबीलों के अधीन भारत 15
3. मंगोल आक्रमणों की चपेट में भारत 21
4. दार-उल-इस्लाम 28
5. जाटों का अधिवास एवं प्रवृत्तियां 58
6. जाट राज्य की स्थापना और महाराजा सवाई जयसिंह 68
7. मुगल-रूहेला राजनीति में महाराजा सूरजमल 75
8. अहमदशाह अब्दाली और महाराजा सूरजमल 84
9. अहमदशाह अब्दाली के बाद महाराजा सूरजमल 101
10. महाराजा सूरजमल का व्यक्तित्व 105
11. महाराजा सूरजमल द्वारा भवनों एवं उद्यानों का निर्माण 109
12. संदर्भ सूची 112

हिन्दुओं का देश भारत

भारत अनादि काल से हिन्दुओं का देश है। सिंधु नदी के नाम पर इस देश के निवासी हिन्दू कहलाए। हिन्दू शब्द अत्यंत प्राचीन है। हिन्दुस्तान, हिन्दूकुश पर्वत तथा हिन्द महासागर जैसे शब्द हिन्दू शब्द की प्राचीनता एवं विराटता के द्योतक हैं। सिंधु नदी को अंग्रेजी में 'इण्डस' कहा जाता है तथा जिस देश में 'इण्डस' नदी बहती है, उसे 'इण्डिया' कहा जाता है। 'इण्डिया' शब्द भी पर्याप्त प्राचीन है। इण्डिया, इण्डोनेशिया, इण्डोचीन, रेड इण्डियन, इण्डियन सबकॉन्टीनेंट, वेस्टइण्डीज तथा इण्डिकाना आदि शब्द इण्डिया शब्द की प्राचीनता एवं विराटता के द्योतक हैं। प्राचीन आर्यों के भरत राजकुल के नाम पर इस देश को भारत कहा जाता है। भारत राष्ट्र का निर्माण तीन प्रकार की सीमाओं से होता है- प्राकृतिक सीमा, सांस्कृतिक सीमा तथा राजनीतिक सीमा। ये तीनों ही सीमाएं विभिन्न कालखण्डों में सिकुड़ती एवं फैलती रही हैं।

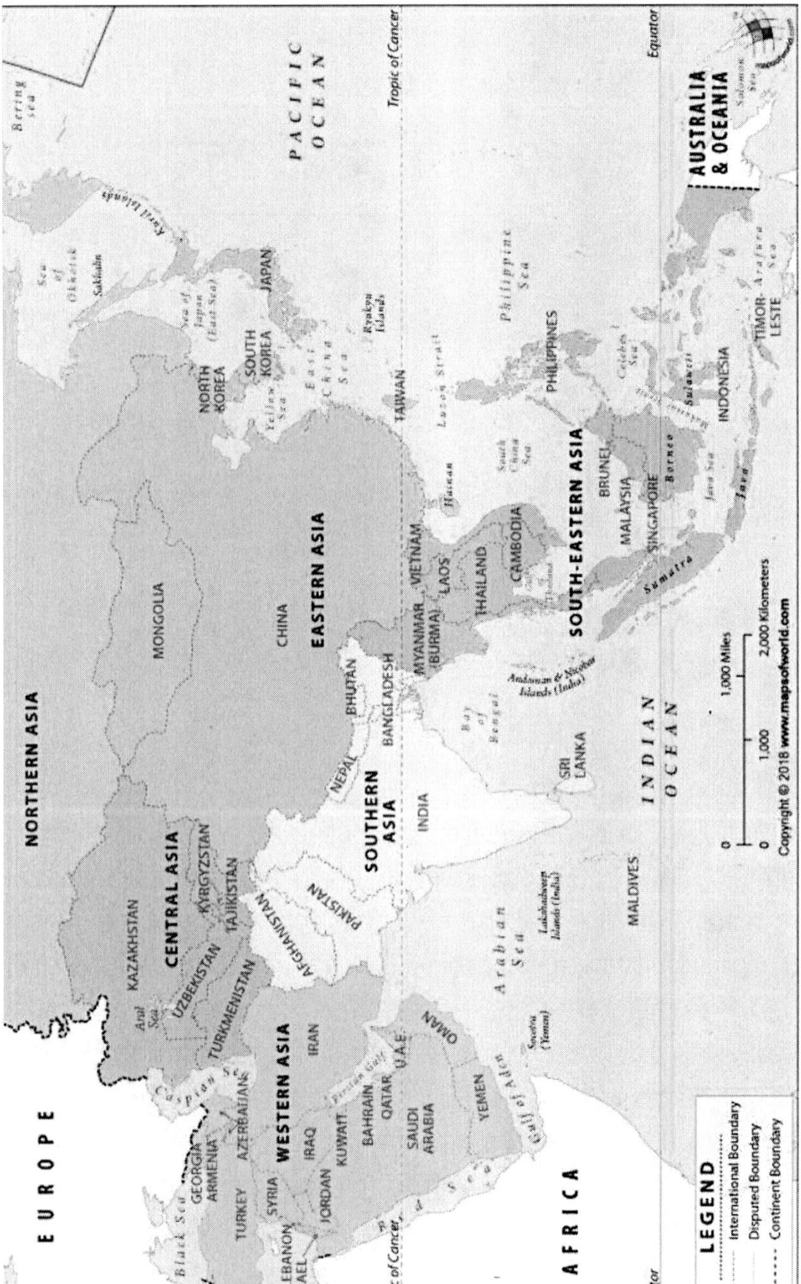
EUROPE
NORTHERN ASIA
CENTRAL ASIA
KAZAKHSTAN
UZBEKISTAN
TURKMENISTAN
KYRGYZSTAN
TAJIKISTAN
MONGOLIA
CHINA
EASTERN ASIA
NORTH KOREA
SOUTH KOREA
JAPAN
TAIWAN
PACIFIC OCEAN
Bering Sea
Sea of Okhotsk
Sakhalin
Kuril Islands
Sea of Japan (East Sea)
Yellow Sea
East China Sea
Ryukyu Islands
Philippine Sea
Luzon Strait
South China Sea
Hainan
PHILIPPINES
SOUTH-EASTERN ASIA
VIETNAM
LAOS
THAILAND
CAMBODIA
MYANMAR (BURMA)
MALAYSIA
SINGAPORE
BRUNEI
Borneo
Sumatra
Java
Java Sea
Sulawesi
Celebes Sea
INDONESIA
TIMOR-LESTE
Arafura Sea
Solomon Sea
AUSTRALIA & OCEANIA
Equator
Tropic of Cancer
SOUTHERN ASIA
INDIA
PAKISTAN
AFGHANISTAN
NEPAL
BHUTAN
BANGLADESH
SRI LANKA
MALDIVES
Bay of Bengal
Andaman & Nicobar Islands (India)
Lakshadweep Islands (India)
Arabian Sea
INDIAN OCEAN
WESTERN ASIA
IRAN
IRAQ
SYRIA
TURKEY
LEBANON
ISRAEL
JORDAN
KUWAIT
BAHRAIN
QATAR
U.A.E.
OMAN
SAUDI ARABIA
YEMEN
Socotra (Yemen)
Gulf of Aden
Red Sea
Persian Gulf
GEORGIA
ARMENIA
AZERBAIJAN
Caspian Sea
Aral Sea
Black Sea
AFRICA
LEGEND
International Boundary
Disputed Boundary
Continent Boundary
0 1,000 Miles
0 1,000 2,000 Kilometers
Copyright © 2018 www.mapsofworld.com

प्राकृतिक सीमा

भारत देश की पहली सीमा प्राकृतिक है जो हिन्दूकुश पर्वत से लेकर बंगाल की खाड़ी तक तथा हिमालय पर्वत से लेकर हिन्द महासागर तक विस्तृत है। भारत की ये प्राकृतिक सीमाएं हिमालय पर्वत के धरती से ऊंचा उठने के बाद बनी थीं। पिछली कुछ शताब्दियों में भारत की ये प्राकृतिक सीमाएं भारत से छिन चुकी हैं।

सांस्कृतिक सीमा

भारत देश की दूसरी सीमा सांस्कृतिक है जो ईसाईयत तथा इस्लाम के उदय से पहले सम्पूर्ण ऐशिया, यूरोप एवं ऑस्ट्रेलिया महाद्वीपों में विस्तृत थी। इस पूरे क्षेत्र में भारतीय वैदिक संस्कृति के अस्तित्व में रहने के प्रमाण मिलते हैं किंतु अब भारत की सांस्कृतिक सीमाएं सिकुड़ती हुई अत्यंत छोटी रह गई हैं। अफगानिस्तान, पाकिस्तान, बांगलादेश, बर्मा, थाईलैण्ड, श्रीलंका, मलेशिया, वियतनाम, कम्बोडिया, इण्डोनेशया एवं ऑस्ट्रेलिया आदि देश भारत की प्राचीन सांस्कृतिक सीमा से बाहर हो चुके हैं।

राजनीतिक सीमा

भारत की तीसरी सीमा राजनीतिक है जो चाणक्य के समय में तक्षशिला से लेकर पाटलिपुत्र तक विस्तृत थी और वर्तमान समय में कटे हुए पंजाब से लेकर कटे हुए बंगाल तक तथा कटे हुए कश्मीर प्रांत से लेकर कन्याकुमारी तक सीमित हो गई है।

भारत देश का आधार : हिन्दू धर्म

भारत देश तथा उसकी तीनों सीमाओं (प्राकृतिक, सांस्कृतिक एवं राजनीतिक) का आधार हिन्दू धर्म है। यह भारतवर्ष की भूमि पर आकार लेने वाला प्रथम धर्म है। भारत भूमि पर जन्म लेने वाले शेष धर्म तो हिन्दू धर्म की शाखाएं हैं जो इस धर्म की विराटता एवं प्राचीनता की द्योतक हैं। भारत वर्ष की धरती पर प्रकट हुआ पहला धर्म 'वैदिक धर्म' के रूप में प्रकट हुआ जिसमें से अनेकानेक शाखाएं विकसित हुईं जो सम्मिलित रूप से 'सनातन धर्म' के नाम से जानी गईं।

इस धर्म की मुख्य शाखा भागवत धर्म तथा ब्राह्मण धर्म के नाम से विख्यात हुई। यही सनातन धर्म अथवा ब्राह्मण धर्म, भारत भूमि के साथ सिमटता हुआ अब हिन्दू धर्म कहलाता है। हिन्दू धर्म का मूल स्वरूप इतना उदार, व्यापक, सहिष्णु, परोपकारी

एवं समावेशी भाव लिए हुए है कि इसका कोई आकार-प्रकार निश्चित नहीं है। तेतीस करोड़ देवी देवताओं वाले इस धर्म में, किसी भी हिन्दू धर्मावलम्बी पर यह दबाव नहीं डाला जाता कि वह किसी निश्चित देवता की पूजा करे या किसी निश्चित प्रकार की पूजा पद्धति काम में ले। या कि वह किसी निश्चित धार्मिक पुस्तक को पढ़े या किसी निश्चित प्रकार से विवाह करे या वह किसी निश्चित प्रकार से शव की अंत्येष्टि करे।

हिन्दू धर्म के अंतर्गत समाहित भिन्न-भिन्न पूजा पद्धतियों को मानने वाले लोग, सामूहिक रूप से विभिन्न धार्मिक आयोजनों में भाग लेते हैं। कुछ हिन्दू, शव का दहन करते हैं, तो कुछ मिट्टी में गाढ़ते हैं, जबकि कुछ हिन्दू, शव को जल में बहा देते हैं। कुछ हिन्दू मतावलम्बी देवी-देवताओं की मूर्तियों की पूजा करते हैं, कुछ नहीं करते हैं। कुछ हिन्दू, वेद और ईश्वर को मानते हैं और कुछ हिन्दू, वेद या ईश्वर को नहीं मानते हैं, फिर भी वे सब हिन्दू धर्म के भीतर बने हुए हैं। वैदिक देवी-देवताओं से लेकर पौराणिक देवी-देवताओं को मानने वाले तथा लोक देवियों एवं लोक देवताओं को मानने वाले, सभी लोग समान रूप से हिन्दू कहलाते हैं। विभिन्न क्षेत्रों के हिन्दुओं के खान-पान, वेषभूषा, वैवाहिक पद्धतियां, रीति-रिवाज एवं परम्पराएं अलग हैं। उत्तर भारत के हिन्दू, मामा की लड़की तथा मामा के गौत्र की लड़की से विवाह करने को पाप मानते हैं जबकि दक्षिण भारत में मामा की लड़की से विवाह करना अत्यंत साधारण बात है।

धर्म नहीं, जीवन शैली

हिन्दू धर्म की इतनी विविधताओं के कारण ही हिन्दू धर्म के सम्बन्ध में कहा जाता है कि यह धर्म नहीं, जीवन शैली है। युगों-युगों से चले आने के कारण इसे सनातन धर्म भी कहते हैं। बौद्ध, जैन, सिक्ख आदि कई पंथ इसी धर्म से निकले और पृथक् धर्म के रूप में पहचान बनाने में सफल रहे। आगे चलकर कबीर पंथियों, दादू पंथियों, ब्रह्म समाजियों एवं आर्य समाजियों आदि ने भी अपने आप को सनातन हिन्दू धर्म से अलग दिखाने की चेष्टा की जो आज तक जारी है। वर्तमान समय में नारायण स्वामी एवं ब्रह्मकुमारी जैसे नवोद्भव सम्प्रदाय भी हिन्दू धर्म से विलग दिखने का प्रयास कर रहे हैं।

सोने की चिड़िया

हिन्दूकुश पर्वत से लेकर बंगाल की खाड़ी तक तथा हिमालय पर्वत से लेकर हिन्द महासागर तक के क्षेत्र में हिन्दू राजाओं के छोटे-बड़े सैंकड़ों राज्य थे। इस काल में भारत की नदियों में विपुल जल प्रवाहित होता था और धरती बड़ी उदारता से धान उगलती थी। राजा और प्रजा दोनों ही सुखी, शिक्षित और सम्पन्न थे। यही कारण था कि इस काल में भारत को सोने की चिड़िया कहा जाता था। सोने की यह चिड़िया हिन्दूकुश पर्वत के पार रहने वाले लोगों की आंखों में खटकती थी।

सम्राट समुद्रगुप्त की स्वर्णमुद्रा

सोने की इस चिड़िया को लूटने के लिए सिकंदर के काल (चौथी शताब्दी इस्वी पूर्व) से ही विदेशी आक्रांता, हिन्दूकुश पर्वत को लांघकर भारत में प्रवेश करने लगे थे तथा भारत की सम्पदा को लूट कर ले जाने का प्रयास करते थे। इस क्रम में शक, कुषाण, हूण, पह्लव आदि सीथियन जातियों के नाम प्रमुख हैं जो भारत में आक्रांताओं के रूप में आए तथा थोड़ी बहुत लूट-पाट मचाकर काल के गाल में समा गए। इनमें से कुछ आक्रांताओं ने भारत के पश्चिमी भाग में अपने छोटे-छोटे राज्य बना लिए तथा कालांतर में भारतीय संस्कृति में ही समा गए। उन्होंने वैदिक, शैव, बौद्ध तथा जैन धर्म अपनाए और पूर्णतः भारतीय बन गए।

राजा, प्रजा एवं भू-राजस्व

प्राचीन काल से लेकर मध्य काल तक भारत में राजा एवं प्रजा का दार्शनिक सम्बन्ध पिता एवं पुत्र जैसा माना जाता था। राजा को अपनी प्रजा का पोषण उसी तरह करना होता था जिस तरह एक पिता अपने कुटुम्ब का पालन-पोषण करता था। राजा प्रजा के जीवन में हस्तक्षेप नहीं करता था। कोई भी व्यक्ति अपनी रुचि के अनुसार किसी भी धार्मिक मत एवं सामाजिक रीति-रिवाज में विश्वास रख सकता था। जीवन यापन के लिए अपनी पसंद का कोई भी कार्य कर सकता था।

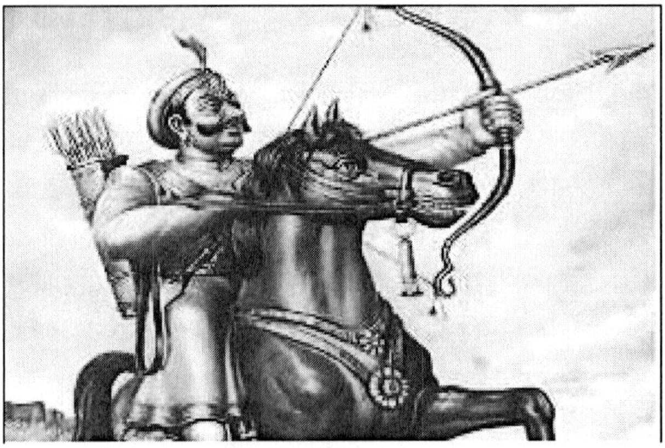

अंतिम हिन्दू सम्राट पृथ्वीराज चौहान

भारत में प्राचीन एवं मध्य कालीन शासकों की आय का मुख्य आधार कृषि क्षेत्र से प्राप्त 'कर' था तथा शेष राजस्व; वाणिज्य, व्यापार एवं शिल्प पर 'चुंगी' अर्थात् 'सीमा-कर' के रूप में प्राप्त किया जाता था। मौर्यकाल से लेकर गुप्त शासकों के समय में उत्तर भारत के गंगा-यमुना के मैदानों में किसानों के खेतों में इतना अनाज उत्पन्न होता था कि राजा द्वारा किसानों की उपज का केवल छठा हिस्सा अर्थात् 16 प्रतिशत भू-राजस्व के रूप में लिया जाता था। इस कर से राजा, सेना तथा राजपरिवार का काम बहुत अच्छी तरह चलता था। इस कारण राजा और प्रजा दोनों ही समृद्ध थे। राजा को नगद की प्राप्ति व्यापारियों द्वारा चुंगी के रूप में चुकाई जाने वाली स्वर्ण एवं रजत मुद्राओं से होती थी। बारहवीं शताब्दी ईस्वी के अंत तक अर्थात् सम्राट पृथ्वीराज चौहान की मृत्यु तक भारत में भू-राजस्व की यही दर (कृषि उपज का छठा भाग) प्रचलित थी। इस काल तक भी राजा और प्रजा सुखी एवं समृद्ध थे। जो किसान भू-राजस्व नहीं दे पाते थे, राजा द्वारा उनकी समस्या सुनी जाती थी और किसानों के साथ न्याय करने एवं उनकी सहायता करने का प्रयास किया जाता था।

❑❑❑

तुर्की कबीलों के अधीन भारत

तुर्की कबीले

सातवीं शताब्दी ईस्वी के आरम्भ में (ई.613–22 के बीच) अरब के रेगिस्तान में इस्लाम का उदय हुआ। हजरत मुहम्मद तथा उनके बाद खलीफाओं ने इस्लाम का दूर–दूर तक प्रसार किया। इस कारण इस्लामिक सेनाएं अरब के रेगिस्तान को पार करके, फारस तथा अफगानिस्तान होते हुए हिन्दूकुश पर्वत पार करके भारत आ पहुंचीं।

मुहम्मद बिन कासिम

ईस्वी 712 में मुहम्मद बिन कासिम ने खलीफा के ईरानी गवर्नर से अनुमति लेकर भारत पर आक्रमण किया तथा सिंध के राजा दाहिरसेन को मारकर उसके राज्य पर अधिकार कर लिया। इस प्रकार भारत में मुस्लिम सत्ता की सर्वप्रथम स्थापना सिंध के छोटे से क्षेत्र में आठवीं शताब्दी ईस्वी में हुई थी।

उसने सिंध की हिन्दू प्रजा से कहा कि वह या तो इस्लाम स्वीकार कर ले, या इस्लामी राज्य में 'जिम्मी' बनकर रहे तथा 'जजिया' चुकाने का तैयार हो जाए। यदि किसी हिन्दू को इन दोनों बातों में से कोई भी बात स्वीकार नहीं हो तो वह अपनी गर्दन कटवाने क लिए तैयार हो जाए।

इस प्रकार हिन्दुओं को उनके अपने ही देश में जजिया देने के लिए विवश किया गया। जजिया एक विशेष प्रकार का कर है जो मुस्लिम शासकों द्वारा अपनी गैर–मुस्लिम प्रजा से लिया जाता था।

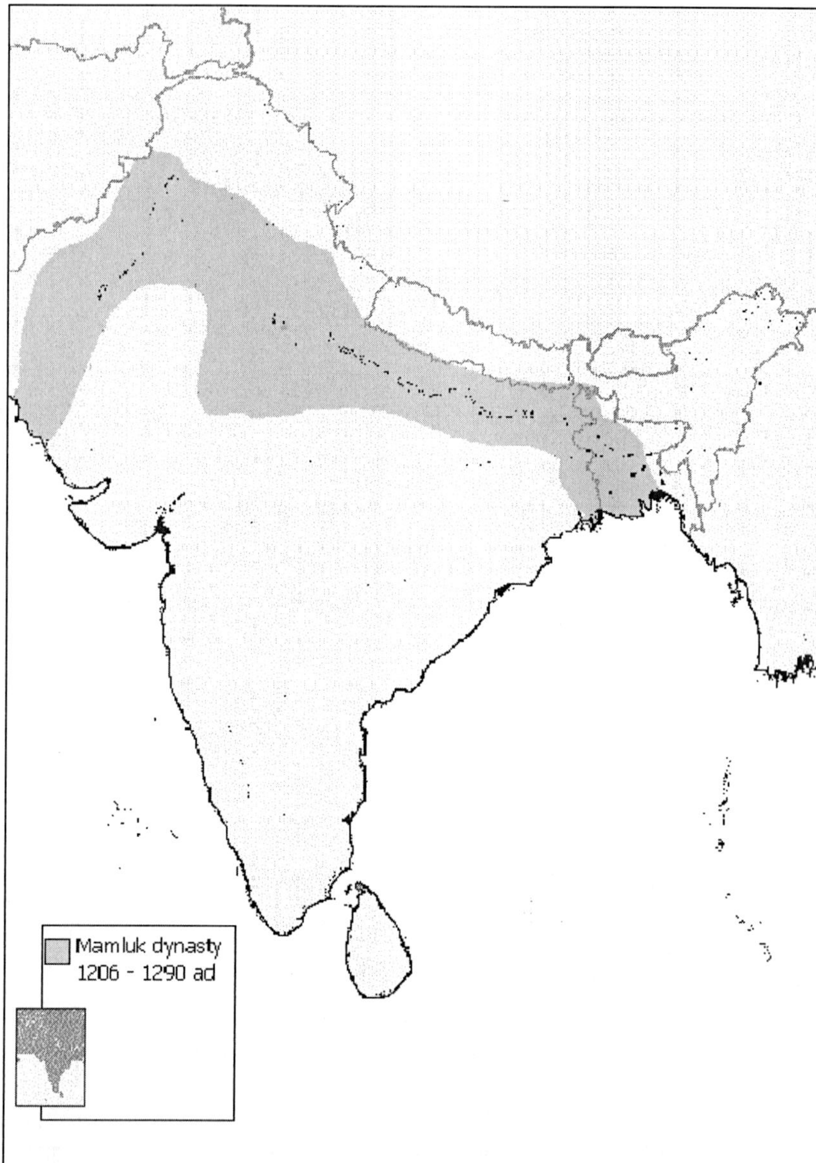

ईस्वी 1206 से 1290 तक भारत में मुस्लिम सल्तनत

महमूद गजनवी

ग्यारहवीं शताब्दी ईस्वी के पूर्वार्द्ध में अफगानिस्तान के गजनी राज्य के शासक महमूद गजनवी ने भारत पर ई.1001-30 की अवधि में 17 आक्रमण किए तथा भारत के मथुरा, कांगड़ा एवं सोमनाथ सहित अनेक विख्यात मंदिरों को नष्ट करके अपार सम्पदा लूट ली। उसने बड़ी संख्या में भारत के लोगों को मौत के मुंह में झौंक दिया तथा पंजाब से हिन्दू राजशाही का अंत कर दिया। महमूद गजनवी के आक्रमण काल में हिन्दूकुश पर्वत से लेकर झेलम नदी तक के क्षेत्र में छोटे-छोटे मुस्लिम राज्य स्थापित हो गए। ये राज्य अफगान कबीलों के तुर्की सरदारों ने स्थापित किए थे जो महमूद गजनवी के साथ हिन्दूकुश पर्वत पार करके भारत में घुस आए थे।

बारहवीं शताब्दी के उत्तरार्द्ध में मुहम्मद गौरी के आक्रमण काल (ई.1175-94) में पंजाब में हिन्दूशाही राज्य की कमर टूट गई तथा हिन्दूकुश पर्वत से लेकर रावी नदी के पश्चिमी तट तक का अधिकांश क्षेत्र अफगानी तुर्कों के अधिकार में चला गया। रावी नदी के पूर्व में स्थित हासी से लेकर लाहौर तक के अनेक दुर्ग भी अफगानी अमीरों के अधीन हो गए। यहाँ तक कि हिमालय क्षेत्र में स्थित कांगड़ा दुर्ग भी अफगानी तुर्कों के अधिकार में चला गया। जब मुहम्मद गौरी ने ईस्वी 1192 में चौहान सम्राट पृथ्वीराज चौहान की तथा ई.1194 में कन्नौज के राजा जयचंद की हत्या कर दी तो मुल्तान से लेकर कन्नौज तक के विशाल क्षेत्र में मुस्लिम सत्ता स्थापित होने का मार्ग साफ हो गया। इस प्रकार मुहम्मद गौरी के जीवन काल में सिंधु नदी से लेकर गंगा-यमुना की द्रोणी तक का विशाल क्षेत्र गजनी राज्य के अधीन चला गया। ईस्वी 1206 में मुहम्मद गौरी के मरते ही उसके तुर्की गुलामों ने 'मुल्तान' एवं 'दिल्ली' को केन्द्र

मुहम्मद गौरी

बनाकर भारत में दो मुस्लिम राज्यों की स्थापना की। शीघ्र ही बंगाल में खिलजियों ने एक तीसरा मुस्लिम राज्य बना लिया जिसका केन्द्र लखनौती था। इन तीन मुस्लिम राज्यों में से कुतुबुद्दीन ऐबक द्वारा शासित दिल्ली का राज्य सबसे बड़ा एवं सबसे अधिक प्रभावशाली सिद्ध हुआ जिसे भारत के इतिहास में दिल्ली सल्तनत के नाम से जाना जाता है।

कुतुबुद्दीन ऐबक

कुतुबुद्दीन ऐबक ने अपनी सल्तनत में रहने वाले हिन्दुओं पर जजिया आरोपित किया। जैसे-जैसे दिल्ली सल्तनत का प्रसार होता रहा, जजिया कर का दायरा बढ़ता रहा। जजिया व्यावहारिक रूप में एक जुर्माना था जो हिन्दुओं को अपने ही देश में हिन्दू बने रहने के लिए मुस्लिम सुल्तान को चुकाना पड़ता था।

कुतुबुद्दीन के बाद इल्तुतमिश तथा बलबन ने दिल्ली सल्तनत को भारत में मजबूती से जमा दिया। दिल्ली सल्तनत वास्तव में एक अफगान राज्य था जिस पर अफगानिस्तान से आए विभिन्न तुर्की कबीलों ने ईस्वी 1206 से 1526 तक शासन किया। ये तुर्की कबीले आपस में लड़ते-भिड़ते,एक दूसरे के सैनिकों की हत्याएँ करते तथा एक दूसरे को नष्ट करने पर तुले रहते किंतु मुल्तान से लेकर लखनौती तक जमे रहते। दिल्ली सल्तनत के आरम्भिक काल में गजनी के तुर्कों के सामने राजपूतों एवं अन्य हिन्दू राजाओं की चुनौती थी किंतु धीरे-धीरे उस चुनौती की भयावहता कम हो चली थी। इसमें कोई संदेह नहीं कि सवा तीन सौ सालों की लम्बी अवधि में तुर्कों ने भारत की कृषि, उद्योग एवं परम्परागत अर्थ-शृंखला के साथ-साथ भारत के सांस्कृतिक परिवेश को भयानक क्षति पहुंचाई तथा हिन्दू जाति पर विभिन्न प्रकार के कर लगाकर भारत की प्रजा को निर्धन बनाया।

जब एक बार दिल्ली में अफगानियों की सत्ता जम गई तो भारत के धन का भारत से बाहर जाने का वह क्रम रुक गया जो मुहम्मद बिन कासिम से आरम्भ होकर महमूद गजनवी तथा मुहम्मद गौरी तक जारी रहा था। फिर भी इस काल में भारत की प्रजा दिन पर दिन निर्धन होती जा रही थी जबकि भारत का धन सुल्तानों एवं

उनके अफगान प्रांतपतियों के महलों में एकत्रित होता जा रहा था। इस धन का अनुमान केवल इस बात से लगाया जा सकता है कि इब्नबतूता ने लिखा है कि सुल्तान गयासुद्दीन तुगलक ने तुगलकाबाद के महल की ईंटें स्वर्ण से ढंकवाईं तथा महल के भीतर एक सरोवर बनवाया जिसमें स्वर्ण को पिघलाकर भरवाया गया।

इल्तुतमिश

तुर्क शासकों ने किसानों से उपज का पचास से साठ प्रतिशत हिस्सा भू-राजस्व के रूप में तय किया जिसे वे 'मालगुजारी' कहते थे। इस काल में भारत के किसानों से संसार में सर्वाधिक कर लिया जाता था। किसानों के खेतों पर जाने वाले राजकीय कर्मचारी एवं सिपाही बेईमान थे इस कारण वे किसानों से बड़ी क्रूरता से पेश आते थे और उनकी उनकी उपज का सत्तर से पिचहत्तर प्रतिशत तक छीन लेते थे। जो किसान कर नहीं दे पाते थे उन पर बड़े जुल्म ढाए जाते थे। उनके झौंपड़ों में आग लगा दी जाती थी और उनकी औरतों पर अत्याचार किए जाते थे। यहाँ तक कि छोटे बच्चों को आग में फैंक दिया जाता था। हिन्दुओं से केवल लगान ही अधिक नहीं लिया जाता था, अपितु जकिया एवं तीर्थकर सहित अनेक कर लिए जाते थे जो मुसलमान हो जाने वाले लोगों से नहीं लिए जाते थे। इन कारणों से तुर्कों के शासन काल में भारत के किसानों की आर्थिक एवं सामाजिक दशा दयनीय होती चली गई थी और लाखों लोग हिन्दू से मुसलमान बन गए थे।

तुर्कों के कई कबीलों ने लगभग सवा तीन सौ साल तक दिल्ली सल्तनत के माध्यम से भारत के काफी बड़े हिस्से पर शासन किया। इनमें इल्बरी, शम्मी, खिलजी, तुगलक, सैयद, लोदी आदि कबीले प्रमुख थे। इन सभी कबीलों के सुल्तानों ने भारत के हिन्दू राज्यों को मिटाकर उन्हें मुस्लिम सत्ता के अधीन करने तथा जनता को इस्लाम स्वीकार करवाने के लिए साम, दाम, दण्ड, भेद आदि समस्त उपाय किए। तुर्की सुल्तानों के शासन काल में भारतीय लोगों पर जो अत्याचार किए गए उनमें लाखों लोगों को बिना किसी दोष के ही अपने प्राणों से हाथ धोने पड़े तथा भारत के सुखी एवं संतुष्ट लोग दु:खी एवं निर्धन हो गए।

❑❑❑

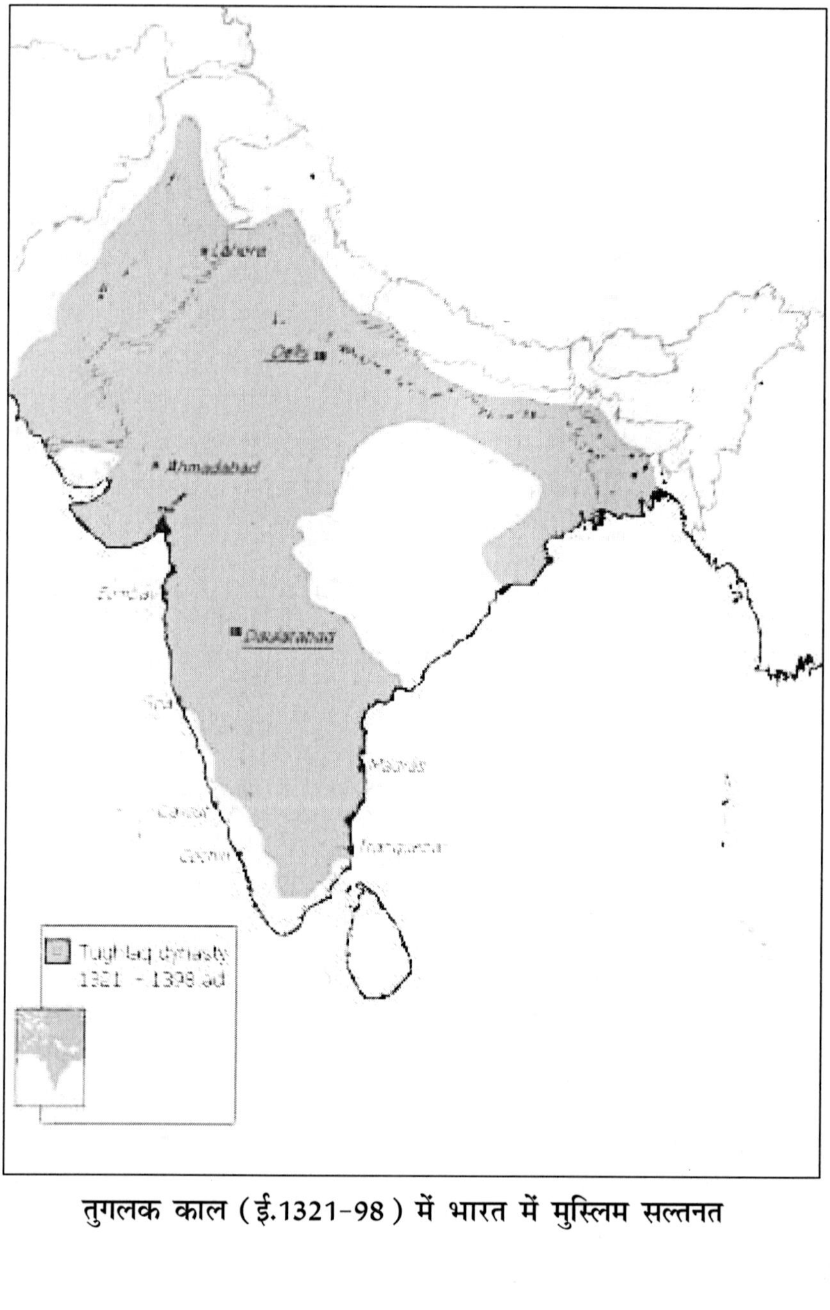

तुगलक काल (ई.1321-98) में भारत में मुस्लिम सल्तनत

मंगोल आक्रमणों की चपेट में भारत

चंगेज खाँ

मंगोल जाति अत्यंत प्राचीन काल में चीन में अर्गुन नदी के पूर्व के इलाकों में रहा करती थी, बाद में वह बाह्य खन्गिन पर्वत शृंखला और अल्ताई पर्वत शृंखला के बीच स्थित मंगोलिया पठार के आर-पार फैल गई। युद्धप्रिय मंगोल जाति ख़ानाबदोशों का जीवन व्यतीत करती थी और शिकार, तीरंदाजी एवं घुड़सवारी करने में बहुत कुशल थी। 12वीं शताब्दी के उत्तरार्ध में मंगोलों के मुखिया 'तेमूचीन' ने बड़ी संख्या में बिखरे हुए मंगोल-कबीलों को एकत्र किया और स्वयं उनका नेता बन गया। वह इतिहास में चंगेज खाँ के नाम से जाना गया। इसके बाद मंगोल मध्य एशिया तक बढ़ आए और उनका सामना मुस्लिम-तुर्कों से हुआ। ई.1221 में मंगोलों ने चंगेज खाँ के नेतृत्व में भारत पर पहला बड़ा आक्रमण किया किंतु तब तक भारत में मध्य एशियाई तुर्क अपना शासन जमा चुके थे।

ईस्वी 1221 में मंगोलों ने चंगेज खाँ के नेतृत्व में भारत पर आक्रमण किया। चंगेज खाँ तूफान की भाँति मध्य-एशिया से चला था। जब उसने ख्वारिज्म पर आक्रमण किया, तब वहाँ के शाह का पुत्र जलालुद्दीन भारत भाग आया परन्तु मंगोल उसका पीछा करते हुए भारत तक आ पहुँचे। जलालुद्दीन ने सिन्ध नदी के तट पर अपना खेमा डाल दिया तथा इल्तुतमिश से शरण मांगी। इल्तुतमिश जानता था कि दिल्ली में जलालुद्दीन की उपस्थिति इल्तुतमिश के तुर्की अमीरों पर अच्छा प्रभाव नहीं डालेगी। इसलिये उसने जलालुद्दीन के पास कहला भेजा कि दिल्ली की जलवायु उसके अनुकूल नहीं होगी और उसके दूत को मरवा डाला। निराश होकर जलालुद्दीन सिन्ध की ओर बढ़ा और कुबाचा के राज्य में लूटमार करता हुआ फारस की ओर चल दिया परन्तु मार्ग में ही उसकी हत्या कर दी गई। जलालुद्दीन का अंत हुआ देखकर मंगोल भी लौट गये। इस प्रकार इल्तुतमिश ने अपनी दूरदर्शिता से जलालुद्दीन तथा मंगोलों से भी अपने राज्य की रक्षा कर ली।

उस काल में मंगोल इस्लाम के सबसे बड़े शत्रु थे। इसलिए वे पूरे तीन सौ साल तक भारत पर आक्रमण करते रहे और भारी रक्तपात एवं बरबादी मचाकर पुनः मध्य-ऐशिया को भागते रहे। यद्यपि मध्यकालीन मुस्लिम इतिहासकारों की तरह आधुनिक भारतीय इतिहासकारों ने भी मंगोलों को भारत के लिए बहुत बड़े खतरे के रूप में चित्रित किया है किंतु वास्तविकता इससे उलट है। चंगेज खाँ मुसलमानों का सबसे बड़ा शत्रु था। वह धरती से इस्लाम का निशान मिटा देना चाहता था। यदि चंगेज खाँ ने भारत पर आक्रमण किया होता तथा दिल्ली सल्तनत पर मंगोलों का अधिकार हो गया होता तो भारत को दिल्ली सल्तनत के तुर्की शासन से उसी समय छुटकारा मिल जाता। इन मंगोलों का शासन लगभग वैसा ही रहा होता जैसा पूर्व काल में शकों, कुषाणों एवं हूणों का था। मंगोलों का अपना कोई धर्म नहीं था इसलिए वे भी कालांतर में उसी प्रकार भारतीय संस्कृति को अंगीकार कर लेते जिस प्रकार शकों, कुषाणों एवं हूणों ने की थी। इस प्रकार भारत की प्रजा अगले सैंकड़ों सालों तक हिंसा, लूट एवं संस्कृति के विध्वंस से बच जाती।

ई.1221 से लेकर ई.1526 तक मंगोल आक्रमणकारियों की कई लहरें भारत में आईं। इस दौरान वे विदेशी आक्रांता बने रहे। वे इस्लाम के शत्रु थे। इस कारण वे भारत के मुस्लिम शासकों को नष्ट करने के विशेष उद्देश्य से प्रेरित होकर भारत पर आक्रमण करते थे किंतु मध्य एशिया के तुर्कों ने न केवल इन मंगोलों को परास्त किया अपितु उन्हें मुसलमान भी बना लिया। तुर्कों ने मंगोलों से अपनी लड़कियों की शादियां करनी भी आरंभ कर दीं। इस प्रकार धीरे-धीरे मंगोलों में तुर्की-रक्त का मिश्रण हो गया। कुछ ही समय में मंगोल, मध्य-एशिया के 'उजबेकिस्तान' नामक देश के समरकंद, ताशकंद तथा फरगना आदि क्षेत्रों पर शासन करने लगे। मध्य-एशिया से ही वे भारत में आए। चौदहवीं शताब्दी ईस्वी में जब मंगोल नेता तैमूर लंग ने भारत पर आक्रमण किया, तब तक मंगोलों ने इस्लाम स्वीकार कर लिया था।

तैमूर लंग द्वारा उत्तर भारत में विनाशलीला

तैमूर लंग का जन्म ई.1336 में समरकंद से 50 मील दूर मावरा उन्नहर के कैच नामक नामक नगर में हुआ था। उसका पिता अमीर तुर्गे, तुर्कों के बरलस कबीले की गुरकन शाखा का नायक था। यह कबीला चगताई वंश के अधीन था। एक दिन तैमूर लंग का अपने चगताई स्वामी से झगड़ा हो गया। इस कारण तैमूर को कई तरह

की यातनाएं सहन करनी पड़ी और इधर-उधर भटकना पड़ा। एक बार जब शत्रु उसका पीछा कर रहे थे, तब उसकी टांग टूट गई। वह लंगड़ा हो गया और तैमूर लंग कहलाने लगा। ई.1370 ई. में तैमूर ने तुर्क सरदारों का एक सम्मेलन आयोजित किया जिसमें तुर्क सरदारों ने उसे अपना सरदार चुन लिया। ई.1370 में तैमूर ने समरकंद पर अधिकार कर लिया। उसने ख्वारिज्म, फारस, मेसोपोटामिया आदि देशों पर भी विजय प्राप्त कर ली और उसका साम्राज्य चंगेज खाँ के साम्राज्य जितना विस्तृत हो गया। इसके बाद तैमूर ने भारत पर आक्रमण किया।

जफरनामा में कहा गया है कि- ***'तैमूर ने कुरान का गहरा अध्ययन किया था। वह इस्लाम को भारत में फैलाने के लिए भारत पर आक्रमण करने की योजनाएं बनाने लगा। वह भारत के मूर्ति-पूजक काफिरों का नाश करके गाजी की उपाधि धारण करना चाहता था और इस्लामी जगत में नाम कमाना चाहता था। तैमूर भारत की अपार सम्पदा को लूटकर अपनी राजधानी समरकंद को समृद्ध करना चाहता था। उन दिनों भारत में तुगलक शासन अत्यन्त दुर्बल अवस्था में था। तैमूर भारत की इस कमजोरी का लाभ उठाना चाहता था।'***

उन दिनों मुल्तान के शासक सारंग खाँ तथा तैमूर के पोते पीर मोहम्मद में संघर्ष चल रहा था। पीर मोहम्मद काबुल का गर्वनर था। उसने सारंग खाँ से कर मांगा किंतु जब सारंग खाँ ने कर देने से मना कर दिया तब पीर मोहम्मद ने सिन्ध नदी पार करके उच्च तथा मुल्तान पर अधिकार कर लिया। इस संघर्ष ने भी तैमूर को भारत पर आक्रमण करने के लिए प्रेरित किया।

अप्रैल 1398 में तैमूर ने 92,000 घुड़सवार सेना के साथ समरकन्द से प्रस्थान किया और कुछ ही समय में सिंधु नदी को पार कर लिया। उसके पोते पीर मोहम्मद ने सिंध के पश्चिमी भाग को रौंद कर मुल्तान पर अधिकार कर रखा था। तैमूर लाहौर की ओर बढ़ा और उसने लाहौर के गर्वनर मुबारक खाँ को परास्त कर दिया। तैमूर की सेनाएं चिनाब नदी के पास पीर मोहम्मद की सेनाओं से मिल गईं। वहाँ से तैमूर की सेनाएं तुलम्बा की ओर बढ़ीं और वहाँ के शासक जसरथ को परास्त

किया जो खोखरों का सरदार था। इसके बाद तैमूर लंग पाक-पतन, भटनेर, सरस्वती, फतेहाबाद तथा कैथल को लूटता हुआ पानीपत के मार्ग से दिल्ली की ओर बढ़ा। वह दिल्ली से थोड़ी दूर रुक कर दिल्ली पर आक्रमण करने की तैयारी करने लगा।

एक लाख हिन्दू बंदियों की हत्या

तैमूर लंग ने पंजाब में एक लाख हिन्दुओं को बंदी बना लिया था। इतने सारे बंदियों के रहते वह दिल्ली पर आक्रमण नहीं कर सकता था। इसलिए उसने अपनी सेना को आदेश दिया कि एक लाख हिन्दू बंदियों का कत्ल कर दिया जाए। तैमूर की सेना ने यह काम सफलता पूर्वक सम्पादित कर लिया।

दिल्ली में कत्ले-आम

दिल्ली का तुगलक सुल्तान नासिरुद्दीन महमूद तथा उसका वजीर मल्लू इकबाल खाँ अपनी विशाल सेना लेकर दिल्ली से निकले परन्तु जब उन्होंने सुना कि तैमूर ने एक लाख हिन्दू बंदियों का कत्ल करवा दिया, तो दिल्ली की सेना बुरी तरह घबरा गई और युद्ध के मैदान से भाग खड़ी हुई। मल्लू इकबाल बरान की ओर तथा नासिरुद्दीन महमूद गुजरात की ओर भाग गया। 7 सितम्बर 1398 को तैमूर ने दिल्ली में प्रवेश किया। उसने फीरोजशाह तुगलक की कब्र के पास अल्लाह को धन्यवाद दिया।

तैमूर लंग पंद्रह दिन तक दिल्ली में रहा। उसने दिल्ली वालों को आश्वासन दिया कि वह दिल्ली में कत्लेआम नहीं मचायेगा किंतु दिल्ली में प्रवेश करते ही उसने अपनी सेना को कत्लेआम करने का आदेश दिया। यह कत्लेआम पूरे तीन दिन तक चलता रहा। उसने असंख्य स्त्रियों तथा पुरुषों को गुलाम बनाया। कई हजार शिल्पकार और यंत्रकार शहर से बाहर लाए गए और युद्ध में सहायता देने वाले अफगानी अमीरों में बांटे गए।

जफरनामा के अनुसार- ***'तैमूर की सेना ने दिल्ली की शहरपनाह तथा सिरी के महल नष्ट कर दिए। हिन्दुओं के सिर काट कर उनके ऊँचे ढेर लगा दिए गए और उनके धड़ हिंसक पशु-पक्षियों के लिए छोड़ दिए गए...... जो निवासी किसी तरह बच गए वे बंदी बना लिए गए।'***

लेनपूल ने लिखा है- ***'इस लूट के पश्चात् तैमूर का प्रत्येक सिपाही धनवान हो गया तथा उन्हें बीस से दो सौ तक गुलाम अपने देश ले जाने को मिले।'***

तैमूर लिखता है- ***'काबू के बाहर होकर मेरी सेना पूरे शहर में बिखर गई और उसने लूटमार तथा कैद के अतिरिक्त और कुछ परवाह न की। यह सब कुछ अल्लाह की मर्जी से हुआ है। मैं नहीं चाहता था कि नगरवासियों को किसी भी प्रकार की तकलीफ हो, पर यह अल्लाह का आदेश था कि नगर नष्ट कर दिया जाए।'***

उत्तर भारत में भारी तबाही

दिल्ली को नष्ट-भ्रष्ट करके तैमूर लंग मेरठ और हरिद्वार की ओर बढ़ा। स्थान-स्थान पर हिन्दुओं तथा मंगोलों में भीषण संग्राम हुआ। इसमें लाखों हिन्दू मारे गए। स्त्रियों तथा बच्चों को गुलाम बनाया गया। हरिद्वार में उसने प्रत्येक घाट पर गाय का वध करवाया। लेनपूल लिखता है- ***'कत्लेआम के यथार्थ उत्सव के उपरांत धर्म के सैनिक तैमूर ने अल्लाह को धन्यवाद दिया और समझा कि उसका भारत आने का उद्देश्य पूरा हुआ।'***

तैमूर ने शिवालिक की पहाड़ियों पर विजय प्राप्त कर ली और वहाँ से लूट का माल लेकर वह जम्मू की ओर बढ़ा। तैमूर ने जम्मू के राजा को पराजित करके उसे मुसलमान बनने के लिए बाध्य किया। तैमूर ने खिज्र खाँ सैयद को सुल्तान, लाहौर तथा दिपालपुर का शासक बनाया। 19 मार्च 1399 को तैमूर ने फिर से सिंधु नदी पार की तथा समरकन्द चला गया।

तैमूर का भारत आक्रमण, मध्यकालीन भारतीय इतिहास में एक महत्वपूर्ण घटना है। वह उस तेज तूफान की तरह आया जो अपने मार्ग में पड़ने वाली हर वस्तु को उजाड़ देता है। लाखों हिन्दू मार दिए गए। लाखों गुलाम बनाकर मध्य-ऐशिया के देशों में ले जाए गए। लाखों गायें काट कर खाई गईं। तीर्थों की पवित्रता भंग की गई। स्त्रियों के सतीत्व लूटे गए। खेतों और घरों को आग के हवाले कर दिया गया तथा लाखों हिन्दुओं को मुसलमान बनाया गया। इस आक्रमण से भारत में इतने बड़े परिवर्तन हुए कि हम इसे नए युग का आरम्भ करने वाला कह सकते हैं। इस आक्रमण का न केवल राजनीतिक दृष्टि से वरन् सामाजिक तथा आर्थिक दृष्टि से भी बहुत बड़ा महत्व है।

इस आक्रमण से तैमूर के वंशज भारत के घनिष्ट सम्पर्क में आ गए। तैमूर ने पंजाब अपने राज्य में मिला लिया और खिज्र खाँ को उस प्रान्त का गर्वनर नियुक्त कर दिया। जब तक खिज्र खाँ जीवित रहा तब तक वह समरकन्द की अधीनता में कार्य करता रहा। तैमूर की मृत्यु के उपरान्त उसका साम्राज्य छिन्न-भिन्न हो गया और खिज्र खाँ के उत्तराधिकारी स्वतंत्रता पूर्वक पंजाब में शासन करने लगे। तैमूर के वंशज कभी इस बात को कभी नहीं भूले कि कभी पंजाब उनके साम्राज्य का एक अंग था। इसलिए उनकी दृष्टि सदैव पंजाब पर लगी रहती थी। आगे चलकर जब बाबर ने पंजाब पर आक्रमण किया तब उसने दावा किया कि पंजाब पर उसके पूर्वज तैमूर का अधिकार था।

तैमूर के आक्रमण से तुगलक सल्तनत के विभिन्न प्रान्तपति दिल्ली से स्वतंत्र हो गए। ख्वाजा जहाँ ने जौनपुर में, दिलावर खाँ ने मालवा में तथा मुजफ्फर खाँ ने गुजरात में अपने स्वतंत्र राज्य स्थापित कर लिए। तैमूर के आक्रमण ने तुगलकवंश पर ऐसा घातक प्रहार किया कि थोड़े ही दिनों में उसका अन्त हो गया और दिल्ली में सैयद वंश की स्थापना हुई।

तैमूर के आक्रमण से विभिन्न प्रांत दिल्ली की छाया से मुक्त होकर स्वतंत्रता पूर्वक अपनी संस्कृति का सृजन तथा संवर्धन करने लगे। मालवा, गुजरात, बंगाल, जौनपुर तथा बहमनी राज्यों में शिल्पकला की वृद्धि हुई। जौनपुर साहित्यकारों तथा धर्माचार्यों का केन्द्र बन गया। गुजरात तथा बहमनी राज्यों में भी जौनपुर की भांति साहित्य की विपुल उन्नति हुई। तैमूर भारत की भव्य शिल्प-कला से अत्यधिक प्रभावित हुआ था और उसने भारतीय कारीगरों को अपने साथ ले जाकर समरकन्द में कई मस्जिदें एवं भवन बनवाए। इससे भारतीय भवन निर्माण कला को नया वायुमण्डल प्राप्त हुआ। भारतीय भवन निर्माण कला ने मध्य एशिया की स्थापत्य कला के सम्मिश्रण से नया स्वरूप प्रदान किया और लगभग सवा-सौ वर्षों के उपरान्त पुनः विदेश से अपनी मातृ-भूमि में इसका प्रत्यागमन हुआ। भारत में इसका अपने नए स्वरूप में मुगल बादशाहों के आश्रय में विकास हुआ जो अपने चरम को पहुँच ग़या।

तैमूर के आक्रमण ने भारत की आर्थिक व्यवस्था नष्ट-भ्रष्ट कर दी। तैमूर के मार्ग में जितने समृद्ध नगर तथा गांव पड़े, सब नष्ट हो गए क्योंकि आक्रमणकारी जिधर से निकलते, गांवों को लूटते, उजाड़ते, जलाते तथा लोगों की हत्या करते जाते थे।

लाखों लोगों के शव खुले में पड़े हुए सड़ते रहे जिससे उत्तर भारत में भांति-भांति के रोग फैल गए। जनता की पीड़ा का कहीं अन्त न था। कृषि तथा व्यापार नष्ट-भ्रष्ट हो गया और अकाल पड़ गया। इससे मानवों एवं पशुओं की मृत्यु हुई। आक्रमणकारी भारत की अपार सम्पत्ति लूट कर अपने देश को ले गए और जनता में ऐसा भय और आंतक फैल गया कि लम्बे समय तक उत्तर भारत में हा-हाकार मचा रहा।

तैमूर के आक्रमण और तबाही से उत्तरी भारत में भारतीय समाज का ताना-बाना हिल गया। लोगों का मनोबल टूट कर बिखर गया। वे स्वयं को परास्त और निस्तेज अनुभव करने लगे। उन्होंने अपनी आँखों के सामने अपनी बहिन-बेटियों की इज्जत लुटते हुए देखी। अपने पुत्रों और भाइयों के कटे हुए सिरों के ढेर देखे। अपनी गायों को शत्रुओं द्वारा खाए जाते देखा। उन्होंने अपने खेतों और घरों को जले हुए देखा। वे एक दूसरे से आँख मिलाने लायक नहीं रहे। चारों तरफ ऐसी भयानक बर्बादी मची कि लोग उस बर्बादी से फिर कभी उबर ही नहीं सके। वे हमेशा के लिए निर्धन और पराजित हो गए। वे भविष्य में न कोई युद्ध लड़ सके न किसी आक्रांता का सामना कर सके।

भारत में जो मुसलमान मुहम्मद गौरी के समय से रह रहे थे, उनमें विजेता होने का भाव था और वे हिन्दू प्रजा को अपने से नीचे के स्तर का समझते थे किंतु तैमूर की सेना ने भारत में रह रहे मुसलमानों को भी नहीं बख्शा तथा उनका भी कत्ले आम मचाया और उनकी औरतों के साथ बलात्कार किए। इससे भारत के हिन्दू तथा मुसलमान एक ही धरातल पर खड़े हुए दिखाई दिये। तैमूर की वापसी के बाद सुल्तान नासिरुद्दीन महमूद, अपने वजीर मल्लू इकबाल के भय से कन्नौज की तरफ भाग गया तथा दिल्ली पर वजीर मल्लू इकबाल का शासन हो गया। कुछ दिन बाद मल्लू ने पंजाब के प्रांतपति खिज्र खाँ के विरुद्ध अभियान किया। खिज्र खाँ ने मल्लू को मार दिया। इससे दिल्ली का तख्त खाली हो गया और एक अफगान सरदार दौलत खाँ लोदी ने दिल्ली को अपने अधिकार में ले लिया। ई.1412 में सुल्तान नासिरुद्दीन महमूदशाह की मृत्यु हो गई तथा 1414 ई. में पंजाब के प्रांतपति खिज्र खाँ ने दिल्ली पर अधिकार करके सैयद वंश के शासन की स्थापना की।

❑❑❑

दार-उल-इस्लाम

चंगेज खाँ और तैमूर लंग के वंशज

बाबर

ईस्वी 1526 में समरकंद तथा फरगना से आए मुगलों ने दिल्ली सल्तनत को समाप्त करके भारत में एक नए मुस्लिम राज्य की स्थापना की जिसे मुगल सल्तनत कहा जाता है। वस्तुतः यह मध्य ऐशियाई मंगोलों एवं तुर्कों के रक्त-मिश्रण से उत्पन्न मुस्लिम राजवंश था जिसे भारत में मुगल कहा गया। भारत में मुगल सल्तनत की स्थापना बाबर ने की थी जिसे भारत पर केवल चार साल (ई.1526-30) तक ही शासन करने का समय मिला था। उसकी नसों में चंगेज खां और तैमूर लंग दोनों के रक्त का मिश्रण था।

बाबर ने भारत में जो लूट मचाई, उसका बहुत थोड़ा अंश मक्का, मदीना, समरकंद एवं बुखारा आदि को भेजा गया। उसके बाद हुमायूं मुगलों का बादशाह हुआ। उसने ईस्वी 1530-40 तथा ई.1555-56 तक भारत पर शासन किया। उसके शासन काल के दो खण्डों के अंतराल में अर्थात् ई.1540-55 तक भारत में फिर से एक तुर्की कबीले के वंशजों ने शासन किया जिन्हें भारत में सूरी कहा गया। इस वंश का प्रमुख सुल्तान शेरशाह सूरी के नाम से जाना जाता है।

ईस्वी 1555 में हुमायूं के दोबारा दिल्ली का बादशाह बनने के बाद मुगल सल्तनत लगभग 150 सालों के लिए जम गई। हुमायूं के बाद अकबर मुगलों का शहंशाह हुआ। उसने भारतीय राजाओं को अपना अधीनस्थ मित्र बनाकर उनके माध्यम से भारत विजय का काम आगे बढ़ाया तथा शासन को मजबूत आधार प्रदान किया किंतु प्रजा

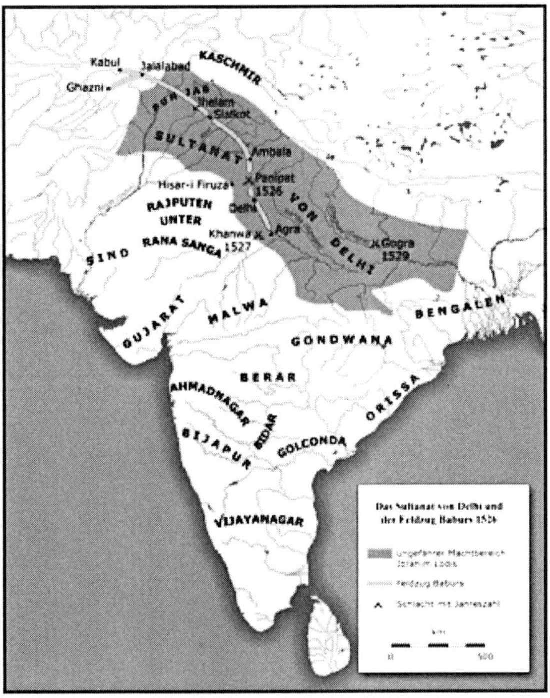

ई.1526 में बाबर के भारत आक्रमण के समय लोदी सल्तनत

की स्थिति अत्यंत भयावह होती चली गई। मुगलों में सबसे अच्छा शासन अकबर का माना जाता है।

अकबर के काल में जनता की भयवाह स्थिति का वर्णन करते हुए गोस्वामी तुलसीदासजी ने लिखा है-

खेती न किसान को,
भिखारी को न भीख बलि
बनिक को न बनिज
न चाकर को चाकरी
जीविका विहीन लो
सीद्यमान सोच बस
कहै एक एकन सौं,
कहाँ जाय का करी।

जहांगीर, शाहजहाँ तथा औरंगजेब ने अकबर की नीतियों को अपने शासनकाल में भी लागू रखा तथा भारत के बड़े भू-भाग पर शासन किया। ई.1658 में औरंगजेब ने अपने पिता शाहजहाँ को तख्त से उतारकर बंदी बना लिया तथा उसका राज्य हड़प लिया। उसने अकबर के समय से अपनाई गई शासन नीति को त्याग दिया तथा लगभग 50 साल तक बड़ी क्रूरता से भारत पर शासन किया।

दार-उल-इस्लाम

औरंगजेब अपने जीवन काल में भारत की सम्पूर्ण प्रजा को मुसलमान बनाकर **दार-उल-इस्लाम** का लक्ष्य प्राप्त करना चाहता था। इस लक्ष्य की प्राप्ति के लिए औरंगजेब ने अत्यंत क्रूरता के साथ शासन किया तथा भारत की जनता को दुर्भाग्य

के गहरे खड्डे में धकेल दिया। वह 24 घण्टे में कठिनाई से 3-4 घण्टे सो पाता था। शेष समय भारत को **दार-उल हर्ब** (काफिरों का देश) से **दार-उल-इस्लाम** (इस्लाम का देश) बनाने में लगाता था। लगभग पचास वर्षों के अपने शासन में औरंगजेब ने देश को शमशान भूमि में नहीं तो बंदीगृह में अवश्य बदल दिया।

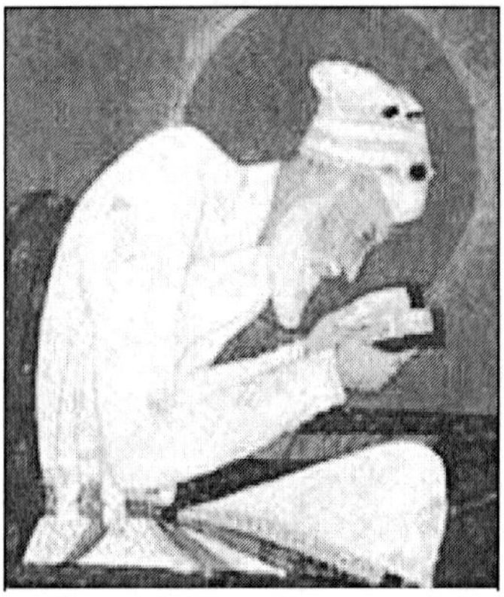

औरंगजेब

औरंगजेब ने आदेश जारी किया कि हिन्दू अपने पुराने मन्दिरों का जीर्णोद्धार नहीं करें तथा नए मंदिर नहीं बनवायें। उसने हिन्दू देवी-देवताओं की मूर्तियों को तुड़वाकर दिल्ली तथा आगरा में मस्जिदों की सीढ़ियों तथा मार्गों में डलवा दिया जिससे वे मुसलमानों के पैरों से कुचली तथा ठुकराई जाएं और उनका घोर अपमान हो।

औरंगजेब चाहता था कि देव-मंदिरों, हिन्दू-विद्यालयों एवं धर्म-ग्रंथों को नष्ट करके, हिन्दुओं के मेलों और तीज-त्यौहारों को बंद करके, हिन्दू न्याय एवं विधि को समाप्त करके तथा तीर्थों के वास्तविक नामों को बदलकर हिन्दुओं के मन से हिन्दू धर्म के गौरव को पूर्णत: मिटा दिया जाए।

उसने हिन्दुओं के धर्मग्रंथों, विद्यालयों, मंदिरों, देवविग्रहों, तीर्थों तथा पुस्तकालयों को तोड़कर, जलाकर तथा अन्य उपायों से नष्ट करने का वह काम तेज कर दिया जो मुहम्मद बिन कासिम के समय में आठवीं शताब्दी ईस्वी में आरम्भ हुआ था। उसने मुसलमान बन जाने वाले हिन्दुओं को सरकारी नौकरियां दीं, उनके कर्ज माफ किए, उन्हें जेलों से मुक्त किया तथा हाथी पर बैठाकर ढोल-नगाड़ों के साथ उनके जुलूस निकाले।

हिन्दू राजाओं का विनाश

बाबर से लेकर औरंगजेब तक सारे मुगल बादशाहों की इच्छा रही कि पूरे हिन्दुस्तान को इस्लाम में परिवर्तित कर लिया जाए किंतु हिन्दू जनता के प्रतिरोध और हिन्दू धर्म-गुरुओं के प्रयत्नों के कारण ऐसा करना संभव नहीं हो सका। हिन्दू धर्म और इस्लाम में बहुत सी ऐसी बातें थीं जिनके कारण ये दोनों एक दूसरे के निकट नहीं आ सके। हिन्दू

सदियों से चले आ रहे मूर्ति-पूजन, गौ-संरक्षण, गंगा-स्नान, बहुदेव-पूजन, जाति-प्रथा एवं सगोत्रीय-विवाह-निषेध आदि बातों को छोड़ने को तैयार नहीं थे जबकि इस्लाम इन बातों को सहन करने को तैयार नहीं था। हिन्दू, चोटी तिलक एवं जनेउ को छोड़ने को तैयार नहीं थे जबकि इस्लाम सुन्नत, अजान और हज में विश्वास रखता था। इसी प्रकार के और भी बहुत से कारण थे जिनके कारण दोनों के बीच की दूरियां बनी रहीं।

औरंगजेब ने अनुभव किया कि विगत 500 साल से मुस्लिम शासक भारत पर केन्द्रीय शक्ति के रूप में शासन कर रहे थे तथा अनेक प्रांतों में भी मुस्लिम सूबेदार एवं सुल्तान हो गए थे किंतु अब भी हिन्दू-शासक इतनी बड़ी संख्या में थे तथा इतने शक्तिशाली थे कि उन्हें एक साथ नष्ट करना किसी भी केन्द्रीय शक्ति के लिए संभव नहीं था। यदि कोई भी मुस्लिम शासक इन्हें एक साथ नष्ट करने का प्रयास करता तो वह स्वयं ही नष्ट हो जाता। इसके विपरीत, यदि हिन्दू राजाओं को एक-एक करके नष्ट किया जाता तो इस कार्य में सदियां बीत जातीं। इसलिए औरंगजेब ऐसी योजना बनाने में लग गया जिससे सांप भी मर जाए और लाठी भी नहीं टूटे!

राजस्थान के सुप्रसिद्ध इतिहासकार महामहोपध्याय गौरीशंकर हीराचंद ओझा ने बीकानेर राज्य का इतिहास नामक ग्रंथ में एक घटना का उल्लेख किया है। यद्यपि यह घटना किसी भी मुस्लिम तवारीख में उपलब्ध नहीं है तथापि बीकानेर राज्य की कुछ प्राचीन ख्यातों एवं जयपुर राज्य की ख्यात में इस घटना का उल्लेख किया गया है जिसके अनुसार ई.1666 में औरंगजेब ने हिन्दू राजाओं के विरुद्ध एक भयानक षड़यंत्र रचा। उसने अपने अधीनस्थ समस्त बड़े हिन्दू राजाओं और मुस्लिम अमीरों को इकट्ठा करके ईरान की ओर प्रस्थान किया। उसकी योजना थी कि वह हिन्दू राजाओं को ईरान ले जाकर एक साथ उनकी सुन्नत करवा दे ताकि सभी बड़े हिन्दू राजा एक साथ मुसलमान बन जाएं और भारत से कुफ्र का सफाया किया जा सके।

बीकानेर की ख्यातों के अनुसार साहबे के एक सैयद फकीर को अस्त खाँ नामक एक मुगल अमीर से ज्ञात हुआ कि बादशाह सब को एक-दीन अर्थात् मुस्लिम करना चाहता है। उस फकीर ने इस बात की सूचना बीकानेर नरेश महाराजा कर्णसिंह को दी। इस पर हिन्दू राजाओं ने एक गुप्त-बैठक की कि अब क्या करना चाहिये? उस समय औरंगजेब तथा समस्त हिन्दू राजा अटक नदी के इस तरफ डेरा डाले हुए थे

जो कि भारत की अंतिम सीमा थी। उन्हीं दिनों आम्बेर नरेश मिर्जाराजा जयसिंह की माता की मृत्यु का समाचार पहुंचा, जिससे हिन्दू राजाओं को 12 दिन तक वहीं पर रुक जाने का अवसर मिल गया। इसके बाद सारे राजा, महाराजा कर्णसिंह के पास गए और उससे कहा कि आपके बिना हमारा उद्धार नहीं हो सकता। आप यदि नावें तुड़वा दें तो हमारा बचाव हो सकता है, क्योंकि ऐसा होने से देश को प्रस्थान करते समय शाही सेना हमारा पीछा नहीं कर सकेगी।

बीकानेर नरेश कर्णसिंह ने धर्म की रक्षा के लिए अपना सिर कटवाने का निश्चय करके योजना निर्धारित की कि बादशाह को अटक नदी के पार चले जाने दिया जाए। जब बादशाह चला जाए तब सारे हिन्दू सरदार नदी पार करने की बजाय अपनी-अपनी नावें जलाकर अपने-अपने राज्य को लौट जाएं। इस निश्चय के अनुसार, जैसे ही बादशाह ने नदी पार की वैसे ही हिन्दू नरेशों ने नावें इकट्ठी करके उनमें आग लगा दी। इसके बाद वहाँ उपस्थित समस्त हिन्दू राजाओं ने महाराजा कर्णसिंह का बड़ा सम्मान किया और उसे 'जंगलधर पादशाह' की उपाधि दी। इस उपलक्ष्य में बीकानेर नरेश ने साहिबे के फकीर को बीकानेर राज्य में प्रतिघर प्रतिवर्ष एक पैसा उगाहने का अधिकार प्रदान किया।

जैसे ही औरंगजेब को हिन्दू राजाओं के निश्चय का पता लगा तो वह कुरान हाथ में लेकर फिर से नदी पार करके अटक के इस पार आया। उसने राजाओं से नावें जलाने का कारण पूछा। तब राजाओं ने जवाब दिया कि- ***'तुमने तो हमें मुसलमान बनाने का षड़यंत्र रच लिया इसलिए तुम हमारे बादशाह नहीं। हमारा बादशाह तो बीकानेर का राजा है। जो वह कहेगा वही करेंगे, धर्म छोड़कर जीवित नहीं रहेंगे।'*** तब औरंगजेब ने समस्त राजाओं के सामने कुरान हाथ में रखकर कसम खाई कि-

'अब ऐसा नहीं होगा, जैसा तुम लोग कहोगे, वैसा ही करूंगा। आप लोग मेरे साथ दिल्ली चलो। आप लोगों ने कर्णसिंह को जंगलधर बादशाह कहा है तो वह जंगल का ही बादशाह रहेगा।'

हिन्दू नरेशों की एकता एवं दृढ़ता को देखकर उस समय तो औरंगजेब की हिम्मत नहीं हुई कि उनके साथ कोई जबर्दस्ती करे किंतु कुछ समय बाद औरंगजेब ने अपनी सेना को बीकानेर राज्य पर आक्रमण करने के आदेश दिए। कुछ दिन बाद औरंगजेब ने सेना के अभियान को रोक दिया तथा एक संदेशवाहक को बीकानेर भेजकर महाराजा कर्णसिंह को बादशाह के समक्ष उपस्थित होने के आदेश भिजवाए। महाराजा कर्णसिंह अपने दो कुंवरों केसरीसिंह तथा पद्मसिंह को अपने साथ लेकर औरंगजेब के दरबार में उपस्थित हुआ। औरंगजेब की योजना थी कि महाराजा कर्णसिंह को आगरा में मरवा दिया जाए तथा उसके बाद महाराजा कर्णसिंह के दासी-पुत्र वनमालीदास को बीकानेर का शासक बना दिया जाए जिसने राज्य मिलने के बाद मुसलमान हो जाने का वचन दिया था।

जब औरंगजेब ने देखा कि महाराजा कर्णसिंह के साथ राजकुमार केसरीसिंह तथा पद्मसिंह भी आए हैं तो औरंगजेब महाराजा कर्णसिंह की हत्या करवाने का साहस नहीं कर सका। औरंगजेब ने महाराजा कर्णसिंह की हत्या करने का विचार त्याग दिया तथा उसे पदच्युत करके औरंगाबाद भेज दिया। बीकानेर का राज्य महाराजा कर्णसिंह के बड़े पुत्र अनूपसिंह को दे दिया गया। 22 जून 1669 को औरंगाबाद में ही महाराजा कर्णसिंह का निधन हुआ।

इस घटना के बाद औरंगजेब ने हिन्दू राजाओं एवं अन्य हिन्दू शक्तियों को एक साथ मुसलमान बनाने की चेष्टा करने की बजाय उन्हें अलग-अलग नष्ट करने का कार्यक्रम बनाया। उसने आम्बेर नरेश मिर्जा जयसिंह को रहस्यमय परिस्थितियों में जहर देकर मरवाया तथा जोधपुर नरेश जसवंतसिंह को काबुल के मोर्चे पर मरवाया। औरंगजेब ने बीकानेर नरेश कर्णसिंह से उसका राज्य छीनकर उसे औरंगाबाद भेज दिया, जहाँ कुछ समय बाद रहस्यमय परिस्थितियों महाराजा की मृत्यु हो गई। औरंगजेब ने छत्रपति शिवाजी को मित्रता के नाम पर आगरा में बुलाकर छल से बंदी बना लिया। यद्यपि औरंगजेब शिवाजी के प्राण नहीं ले सका किंतु उसने छत्रपति की मृत्यु के बाद छत्रपति के पुत्र शंभाजी को पकड़कर बेरहमी से मौत के घाट उतारा एवं शंभाजी के परिवार

को पकड़कर जेल में डाल दिया। औरंगजेब ने शिवाजी के सहयोगी नेताजी पालकर को पकड़कर बलपूर्वक मुसलमान बना दिया।

किशनगढ़ का राजा रूपसिंह औरंगजेब के विरुद्ध तथा जम्मू का राजा रामरूपराय औरंगजेब के लिए लड़ते हुए रणभूमि में काम आए। बुंदेलों का राजा चम्पतराय औरंगजेब से लड़ते हुए मृत्यु को प्राप्त हुआ। जाटों के नेता वीर गोकुला जाट एवं वीर राजाराम जाट भी औरंगजेब द्वारा बड़ी नृशंसा से कत्ल किए गए। जहांगीर ने सिक्खों के गुरु अर्जुनदेव को तथा औरंगजेब ने सिक्खों के गुरु गोबिंदसिंह के पुत्रों को जीवित ही दीवार में चिनवा दिया। मेवाड़ का महाराणा राजसिंह, जोधपुर का राजा अजीतसिंह तथा बुंदेलों का राजा छत्रसाल जीवन भर औरंगजेब से लड़ते रहे।

मंदिरों का विनाश

औरंगजेब का मानना था कि मुसलमानों के लिए यह उचित नहीं है कि उनकी दृष्टि किसी बुतखाने अर्थात् मंदिर पर पड़े। इसलिए बादशाह बनने से पहले ही औरंगजेब ने हिन्दू पूजा-स्थलों को गिरवाना तथा देव-मूर्तियों को भंग करना आरम्भ कर दिया था। जब वह गुजरात का सूबेदार था तब अहमदाबाद में चिन्तामणि का मन्दिर बनकर तैयार हुआ ही था। औरंगजेब ने उसे ध्वस्त करवाकर उसके स्थान पर मस्जिद बनवा दी। बादशाह बनते ही औरंगजेब ने बिहार के मुगल सूबेदार को निर्देश दिए कि कटक तथा मेदिनीपुर के बीच में जितने भी हिन्दू मन्दिर हैं, उन्हें गिरवा दिया जाए। इनमें तिलकुटी का नवनिर्मित भव्य मंदिर भी सम्मिलित था। औरंगजेब के आदेश से गुजरात के सोमनाथ का मन्दिर भी ध्वस्त करवा दिया गया। ई.1665 में उसने आदेश दिए कि गुजरात का जो मंदिर तोड़ा गया था, उसे हिन्दुओं ने फिर से बनवा लिया है, उसे पुनः तोड़ा जाए।

ई.1666 में औरंगजेब ने मथुरा में श्रीकृष्ण जन्मभूमि पर स्थित केशवराय मंदिर के पत्थर के उस कटरे अर्थात् रेलिंग को तुड़वा दिया जिसे दारा शिकोह ने बनवाया था। इस मंदिर का मूल निर्माण ईसा से लगभग 3500 वर्ष पहले भगवान श्रीकृष्ण के प्रपौत्र बज्रनाथ द्वारा करवाया गया था। चैतन्य महाप्रभु ने मथुरा में इसी मंदिर के दर्शन किए थे।

28 अगस्त 1667 को आम्बेर नरेश मिर्जाराजा जयसिंह की मृत्यु हो गई। इसके 6 दिन बाद अर्थात् 3 सितम्बर 1667 को औरंगजेब ने सीदी फौलाद खाँ को निर्देश दिए के वह 100 बेलदार लगाकर 2,000 वर्ष पुराने दिल्ली के कालकाजी शक्तिपीठ तथा उसके क्षेत्र में आने वाले समस्त हिन्दू मंदिरों को नष्ट कर दे। यह मंदिर मिर्जाराजा जायसिंह के संरक्षण में था।

श्रीकृष्ण जन्मभूमि, मथुरा (पीछे मस्जिद)

12 सितम्बर 1667 को सीदी फौलाद खाँ ने औरंगजेब को सूचना दी कि बादशाह के आदेशों की पूर्णत: पालना हो गई है। मंदिर तोड़ने के दौरान एक ब्राह्मण ने सीदी फौलाद खाँ पर तलवार से वार किए जिससे सीदी के शरीर पर तीन घाव लगे। सीदी ने उस ब्राह्मण का सिर पकड़ लिया। काली-भक्त ब्राह्मण को वहीं मार दिया गया किंतु दुष्ट सीदी बच गया। 9 अप्रेल 1669 को औरंगजेब ने दिल्ली के लाल किले से फरमान जारी किया कि मुगल सल्तनत के समस्त मंदिरों एवं हिन्दू विद्यालयों को नष्ट कर दिया जाए। इस आदेश के जारी होते ही सम्पूर्ण भारत में हा-हाकार मच गया। बादशाह के आदेश से उन सैंकड़ों और हजारों साल पुराने मंदिरों को ढहाया जाने लगा जिन्होंने भारतीय संस्कृति के निर्माण की भूमिका निभाई थी।

मई 1669 में सालेह बहादुर को राजपूताना में मोरेल नदी के तट पर स्थित मलारना गांव के सैंकड़ों साल पुराने शिव मंदिर को तोड़ने भेजा गया। इस मंदिर के खण्डहर आज भी राजस्थान के सवाईमाधोपुर जिले में देखे जा सकते हैं। इसके बाद औरंगजेब की दृष्टि काशी विश्वनाथ मंदिर पर गई। इस मंदिर का उल्लेख स्कंद पुराण सहित कई प्राचीन पुराणों में मिलता है। इस पौराणिक मंदिर को ई.1194 में दुष्ट कुतुबुद्दीन

ऐबक ने तोड़ डाला था किंतु कुछ समय बाद ही गुजरात के एक व्यापारी ने इस मंदिर का पुनर्निर्माण करवाया था।

भग्न वाराणसी मंदिर

बाबर के भारत में आने से कुछ साल पहले ही सिकंदर लोदी ने गुजराती व्यापारी द्वारा बनवाए गए काशी-विश्वनाथ मंदिर को तोड़ दिया था। अकबर के शासनकाल में आम्बेर नरेश मानसिंह ने इस मंदिर को फिर से बनवाने की चेष्टा की किंतु हिन्दुओं ने मानसिंह के मंदिर को स्वीकार नहीं किया क्योंकि वह मुसलमान बादशाह अकबर का सम्बन्धी था। इस पर ई.1585 में राजा टोडरमल ने अकबर से धन लेकर इस मंदिर का निर्माण करवाया। औरंगजेब के काल में इस मंदिर को पुनः तोड़ा गया तथा इस बार उसके स्थान पर मस्जिद बना दी गई।

जिस स्थान पर यह मंदिर स्थित था, उसके पास ज्ञानवापी नामक एक बावड़ी स्थित थी। इसलिए इस मस्जिद को ज्ञानवापी मस्जिद कहा गया। औरंगजेब ने काशी का नाम मुहम्मदाबाद रख दिया। जब मुगलों का राज चला गया तो मराठा रानी अहिल्याबाई होलकर ने इस ज्ञानवापी मस्जिद के पास एक नया मंदिर बनवा दिया जिसे आजकल काशी विश्वनाथ मंदिर के नाम से जाना जाता है।

मथुरा एवं वृंदावन के मंदिरों को तोड़ने के बाद औरंगजेब ने गदा बेग को 400 सिपाहियों के साथ उज्जैन के मंदिर तोड़ने के लिए भेजा तथा मालवा के सूबेदार वजीर खाँ को भी उज्जैन पहुंचने के आदेश दिए। जब मुस्लिम सेना उज्जैन के सुप्रसिद्ध महाकाल मंदिर पर हमला करने पहुंची तो उज्जैन के रावत ने मुस्लिम सेना का प्रबल विरोध किया। उसने गदा बेग तथा उसके 121 सिपाहियों का वध कर दिया। रावत की बहादुरी को आज भी मालवा के लोकगीतों में स्मरण किया जाता है।

औरंगजेब के सेनापतियों ने अयोध्या में भगवान श्रीराम के मंदिर '**त्रेता के ठाकुर**' को नष्ट कर दिया जहाँ भगवान ने अपनी लौकिक देह का त्याग किया था। अयोध्या का '**स्वर्गद्वारम्**' नामक मंदिर भी तोड़ दिया गया जहाँ भगवान की लौकिक देह का अंतिम संस्कार किया गया था। कुछ इतिहासकारों का मानना है कि अयोध्या का '**जन्मस्थानम्**' नामक मंदिर भी औरंगजेब के शासकाल में तोड़ा गया था जहाँ भगवान ने लौकिक देह में अवतार लिया था। अधिकतर इतिहासकारों की मान्यता है कि जन्मस्थानम् मंदिर को बाबर के शिया सेनापति मीर बाकी ने ई.1528 में ध्वस्त किया था।

मथुराधीश, कोटा

9 अप्रेल 1669 को जैसे ही औरंगजेब ने मुगल सल्तनत के समस्त हिन्दू मंदिरों को गिराने के आदेश दिए, वैसे ही मथुरा और वृंदावन के मंदिरों के पुजारी और गुसाईंजन अपने-अपने अराध्यों की मूर्तियां लेकर रात के अंधेरों में गायब हो गए। कुछ दिनों तक जंगलों में छिपे रहने के बाद वे जयपुर, जोधपुर, किशनगढ़ तथा उदयपुर राज्यों में प्रकट होने लगे।

हिन्दू धर्म पर आए इस अभूतपूर्व संकट के समय राजपूत राजाओं ने औरंगजेब की परवाह नहीं की तथा पुजारियों एवं गुसाइयों को ब्रज भूमि से निकल भागने में बड़ी सहायता की। महाप्रभु वल्लभाचार्यजी के वंशज गिरधर गुसाईंजी, बूंदी नरेश भावसिंह के सरंक्षण में भगवान मथुराधीश की विख्यात प्रतिमा को ब्रज से निकालकर बूंदी ले गए, जहाँ से यह प्रतिमा राजा दुर्जनशाल द्वारा कोटा ले जाई गई तथा उनके लिए कोटा में मथुरेशजी का विख्यात मंदिर बनवाया गया। इस विग्रह का प्राकट्य गोकुल के निकट कर्णावल गांव में हुआ था तथा यह विग्रह महाप्रभु वल्लभाचार्य ने अपने पुत्र विट्ठलनाथजी को दिया था। उन्होंने यह प्रतिमा अपने पुत्र गिरधरजी को दी थी। कोटा के मथुरेशजी मंदिर को अब वल्लभ सम्प्रदाय की प्रथम पीठ माना जाता है।

गोविंददेव मंदिर, वृंदावन

इसी प्रकार ई.1669 में वृंदावन के विशाल गोविंददेव मंदिर के विग्रह को भी वृंदावन से निकालकर जयपुर पहुंचा दिया गया। इस विग्रह का निर्माण भगवान श्रीकृष्ण के प्रपौत्र वज्रनाभ ने अपनी माता के मुख से सुने भगवान् श्रीकृष्ण के स्वरूप के आधार पर करवाया था। इस विग्रह को चैतन्य महाप्रभु के आदेश से उनके शिष्य रूप गोस्वामी ने गोमा टीले के नीचे से खोद कर प्राप्त किया था। ई.1590 में अकबर की अनुमति से आम्बेर के राजा मानसिंह ने वृंदावन में इस विग्रह हेतु एक विशाल मंदिर का निर्माण करवाया था।

मुगलकाल में इससे अधिक भव्य मंदिर नहीं बना था। अकबर ने इस मंदिर की गायों के चारागाह के लिए 135 बीघा भूमि प्रदान की थी। इसकी सातवीं मंजिल पर जलते हुए दीपों का प्रकाश आगरा तक दिखाई देता था। जब औरंगजेब ने इस मंदिर को तोड़ने के आदेश दिए तो मंदिर के सेवादार शिवराम गोस्वामी, भगवान श्रीगोविंददेव और श्रीराधारानी के विग्रहों को लेकर जंगलों में जा छिपे और बाद में आम्बेर नरेश मिर्जाराजा जयसिंह के पुत्र रामसिंह के संरक्षण में वृंदावन से आम्बेर ले आए। अब यह प्रतिमा जयपुर के गोविंददेव मंदिर में विराजमान है। जयपुर के शासक गोविंददेव को राज्य का स्वामी तथा स्वयं को राज्य का दीवान मानते थे। ई.1670 में औरंगजेब के आदेश से वृंदावन में स्थित गोविंददेव का भव्य मंदिर तोड़ा गया। औरंगजेब ने वृंदावन के गोविंददेव मंदिर की तीन मंजिलों को तुड़वा दिया तथा अकबर द्वारा गौशाला के लिए दी गई 135 बीघा भूमि का पट्टा निरस्त कर दिया।

श्रीनाथजी, नाथद्वारा

29 सितम्बर 1669 को मथुरा के निकट गोवर्द्धन पर्वत पर स्थित गिरिराज मंदिर के गुंसाई दामोदरजी, श्रीनाथजी को अपने साथ लेकर, अपने चाचा गोविन्दजी एवं अन्य पुजारियों के साथ गोवर्द्धन से राजपूताने की ओर रवाना हुए। वे आगरा, बूंदी, कोटा एवं पुष्कर होते हुए किशनगढ़ पहुंचे। किशनगढ़ के महाराजा मानसिंह ने '**पीताम्बर की गाल**' में भगवान को पूर्ण भक्ति सहित विराजमान करवाया और विविधत् उनकी पूजा की किंतु भगवान को किशनगढ़ में रखने में असमर्थता व्यक्त की। इसलिए यहाँ से श्रीनाथजी जोधपुर राज्य के चौपासनी गांव पहुंचे। उस समय महाराजा जसवंतसिंह जमरूद के मोर्चे पर थे इसलिए राज्याधिकारियों ने आशंका व्यक्त की कि हम श्रीनाथजी के विग्रह की रक्षा नहीं कर पाएंगे। इस पर मेवाड़ के गुसाइयों ने मेवाड़ के महाराणा राजसिंह से सम्पर्क किया।

महाराणा ने गुसाइयों को वचन दिया कि मेवाड़ राज्य में एक लाख हिन्दुओं के सिर काटे बिना औरंगजेब श्रीनाथजी के विग्रह को स्पर्श नहीं कर पाएगा। इसलिए वे श्रीनाथजी को मेवाड़ ले आएं। इस प्रकार महाराणा राजसिंह के निमंत्रण पर ई.1672 में श्रीनाथजी मेवाड़ पधारे तथा उन्हें सिहाड़ गांव में विराजित किया गया जो अब नाथद्वारा कहलाता है।

ई.1670 में औरंगजेब के आदेश से मथुरा के केशवराय मन्दिर को तोड़कर उसके पत्थरों से उसी स्थान पर मस्जिद बनवाई गई तथा मथुरा का नाम इस्लामाबाद रख दिया गया। इस मंदिर से कई मूल्यवान प्रतिमाएं प्राप्त हुईं जिनमें हीरे-जवाहर लगे हुए थे। औरंगजेब ने इन प्रतिमाओं को बेगम साहिब की मस्जिद के रास्ते की सीढ़ियों में लगवा दिया ताकि उन्हें पैरों से ठोकर मारी जा सके। गोविंददेवजी के साथ ही वृंदावन के मदनमोहनजी और गोपालजी के विग्रह भी आम्बेर ले जाए गए थे। इनमें

से मदनमोहनजी तो बाद में करौली चले गए किंतु गोपालजी आज भी जयपुर के एक मंदिर में विराजमान हैं।

चूंकि औरंगजेब ने मंदिरों को तोड़ने के आदेश दिए थे इसलिए सभी राजपूत राजाओं ने ब्रज से आने वाले देव-विग्रहों के लिए हवेलियों का निर्माण करवाया। इन्हीं हवेलियों में श्रीकृष्ण की विभिन्न प्रतिमाओं को उनके पुजारियों के साथ रखा गया तथा उनके लिए गौशाला एवं चारागाह की भूमि की व्यवस्था की गई। आज भी राजस्थान के विभिन्न नगरों में इन हवेलियों को देखा जा सकता है। शीघ्र ही ये हवेलियां ब्रज की संस्कृति के प्रसार की केन्द्र बन गईं और श्रीनाथजी तथा अन्य विग्रहों एवं पुजारियों के आने से राजपूताना में ब्रज संस्कृति का प्रभाव व्याप्त हो गया। मेवाड़ के महाराणा ने शैव-गुरु के साथ-साथ वैष्णव गुरु भी स्वीकार किया। जोधपुर तथा किशनगढ़ के राजवंश गोकुलिए गुसाइयों के शिष्य हो गए तथा वल्लभ सम्प्रदाय को मानने लगे। जोधपुर एवं किशनगढ़ में गोकुलिए गुसाइयों का बहुत जोर था। बीकानेर के राजा-रानियां एवं राजकुमारियां भी लक्ष्मीनारायणजी के उपासक हो गए।

उन दिनों किशनगढ़ वल्लभ सम्प्रदाय के प्रमुख केन्द्रों में से एक था। जहांगीर के जन्म से पहले अकबर ने सलेमाबाद पीठ के आचार्य से आशीर्वाद प्राप्त किया था। जोधपुर, जयपुर, बीकानेर, कोटा, बूंदी एवं किशनगढ़ के साहित्य, संगीत एवं चित्रकला यहाँ तक कि पूरी संस्कृति पर ब्रज संस्कृति का व्यापक प्रभाव पड़ा। इसके कारण राजपूत सैनिक अपने गले में तुलसी की माला पहनने लगे और राजपूत राजा ब्रज भाषा में कविता करने लगे। जयपुर के राजा भगवान गोविंददेव को राज्य का वास्तविक स्वामी एवं स्वयं को उनका दीवान मानने लगे। मथुरा एवं वृंदावन के मंदिरों से देव-विग्रह निकल कर राजपूत राज्यों में पहुंचा दिए गए थे तथा उन्हें मंदिरों की बजाय हवेलियों में रखा जा रहा था, यह बात अधिक दिनों तक औरंगजेब से छिपी नहीं रह सकती थी। इसलिए उसने राजपूत राज्यों पर कहर ढाना शुरु कर दिया।

ई.1672 में मंदिरों को तोड़ने का औरंगजेब का आदेश बंगाल प्रांत के प्रत्येक परगने में भेजा गया। ढाका जिले के धामारी गांव के यशोमाधव मंदिर से इस आदेश की एक प्रति प्राप्त हुई है। उन्हीं दिनों औरंगजेब को सूचना मिली कि काबुल क्षेत्र में घोरबंद नामक थाने पर नियुक्त राजा मांधाता, घोरबंद दुर्ग में स्थित मंदिर में फूलों से मूर्तियों की पूजा करता है तथा आरती एवं भोग लगाता है। इस पर राजा मांधाता

को घोरबंद से अन्यत्र भेज दिया गया तथा मंदिर को तोड़कर वहाँ मस्जिद बनवाई गई। उसी वर्ष हसन अली खाँ ने औरंगजेब को सूचित किया कि उसने इस्लामाबाद (मथुरा) में एक मंदिर तोड़ा है तथा एक हिन्दू बस्ती को नष्ट करके वहाँ हसनपुर नामक गांव बसाया है।

ई.1679 में औरंगजेब ने मीर आतिश दाराब खाँ को शेखावाटी क्षेत्र के खण्डेला गांव में स्थित मोहनजी का विशाल मंदिर तोड़ने के लिए भेजा। 8 मार्च 1679 को आतिश दाराब खाँ ने मंदिर पर हमला किया तो 300 हिन्दू युवक, मंदिर की रक्षा के लिए आगे आए। आतिश खाँ ने उनकी हत्या कर दी। इनमें मारवाड़ से विवाह करके लौटा सुजानसिंह नामक एक राजपूत भी था जिसकी प्रशंसा में आज भी शेखावाटी क्षेत्र में लोकगीत गाए जाते हैं। मुगल सेना ने खण्डेला स्थित मोहनजी का मंदिर, खाटू श्यामजी स्थित सांवलजी का मंदिर एवं निकटवर्ती अन्य मंदिर तोड़ दिए। खण्डेला का राजा बहादुरसिंह अपनी प्रजा एवं सैनिकों के साथ कोट सकराय के पहाड़ी दुर्ग में चला गया तथा वहीं से उसने मुगलों से भारी मोर्चा लिया।

औरंगजेब द्वारा तोड़ा गया मंदिर, ओसियां (जोधपुर)

25 मई 1679 को खानजहाँ बहादुर मारवाड़ राज्य के मंदिरों को ढहाकर दिल्ली लौटा। वह अपने साथ जोधपुर, फलोदी, मेड़ता, सिवाना, पोकरण, सांचोर, जालोर, भीनमाल तथा मारोठ आदि कस्बों में स्थित प्रसिद्ध मंदिरों की कीमती मूर्तियों को कई बैलगाड़ियों में भर कर लाया था। इन मूर्तियों में बहुत सी मूर्तियों पर हीरे-जवाहर लगे हुए थे। बहुत सी मूर्तियों पर सोने-चांदी के आभूषण एवं मुकुट आदि थे। औरंगजेब ने इन देव-विग्रहों को जिलाउखाना तथा जामा मस्जिद

के रास्ते में लगवा दिया ताकि नमाज पढ़ने के लिए जाने वाले मुसलमान इन्हें रोज ठोकरों से मार सकें।

खानजहाँ ने अपनी इस विध्वंस यात्रा में मण्डोर के 8वीं शताब्दी ईस्वी के प्राचीन मंदिर सहित ओसियां के हरिहर मंदिर, महिषासुर मर्दिनी मंदिर, त्रिविक्रम मंदिर सहित अनेक प्राचीन मंदिरों का विनाश किया जिनके ध्वंसावशेष आज भी बिखरे पड़े हैं। मुसलमान सैनिकों ने उन सैंकड़ों प्रतिमाओं के चेहरे विकृत कर दिए जिन्हें पूरी तरह तोड़ना संभव नहीं था। फरवरी 1679 में औरंगजेब ने हसनअली खाँ को मेवाड़ क्षेत्र में सेना लेकर पहुंचने के आदेश दिए तथा औरंगजेब स्वयं भी 30 नवम्बर 1679 को अजमेर से मेवाड़ के लिए रवाना हुआ ताकि उदयपुर के मंदिरों को गिराया जा सके।

अगस्त 1679 में औरंगजेब ने मुगल फौजदार तहव्वर खाँ को पुष्कर का वाराह मंदिर तोड़ने के लिए भेजा। मेड़तिया राठौड़ों ने मंदिर की रक्षार्थ अपना बलिदान करने का निर्णय लिया और 19 अगस्त को पुष्कर पहुंचकर मुगल फौजदार पर आक्रमण किया। तीन दिनों तक दोनों पक्षों में भयानक लड़ाई चलती रही जब तक कि उस समूह का अंतिम राठौड़ कटकर नहीं गिर गया।

जगदीश मंदिर, उदयपुर

महाराणा राजसिंह उदयपुर नगर को छोड़कर गहन पहाड़ों में चला गया ताकि औरंगजेब को पहाड़ों में खींचकर मारा जा सके किंतु औरंगजेब महाराणा के पीछे जाने का साहस नहीं कर सका। 24 जनवरी 1680 को औरंगजेब उदयसागर झील के किनारे पहुंचा तथा वहाँ स्थित तीनों मंदिर ढहा दिए। वहीं पर औरंगजेब को सूचना मिली कि 5 कोस की दूरी पर एक और झील है जिसके किनारे भी कई मंदिर बने हुए हैं। औरंगजेब ने यक्का ताज खाँ, हीरा खाँ, हसन अली खाँ तथा रोहिल्ला खाँ को उन्हें भी गिराने के आदेश दिए।

औरंगजेब की सेनाओं ने उदयपुर नगर में स्थित विख्यात एवं भव्य जगदीश मंदिर पर भी आक्रमण किया। इस मंदिर को महाराजा जगतसिंह ने कुछ साल पहले ही कई लाख रुपयों की लागत से बनवाया था। इसे जगन्नाथराय का मंदिर भी कहते थे। इस मंदिर के सामने 20 माचातोड़ सैनिकों को सुलाया गया। राजस्थान में खटिया को माचा कहा जाता है। प्रत्येक राजपूत राजा के पास कुछ माचातोड़ सैनिक होते थे जो दिन रात-खाते-पीते और माचे पर पड़े रहते थे। जब शत्रु सेना आती थी तो एक-एक माचा तोड़ सैनिक उठ कर खड़ा होता था तथा कई-कई सैनिकों को मारकर वीरगति को प्राप्त होता था। जब मुगलों की सेना जगन्नाथराय मंदिर को तोड़ने आई तो माचातोड़ सैनिक एक-एक करके उठे तथा शत्रुओं के सिर काटते हुए स्वयं भी वीरगति को प्राप्त हुए।

29 जनवरी 1680 को हसन अली खाँ ने औरंगजेब को सूचित किया कि अब तक उदयपुर में 172 मंदिरों को ढहाया जा चुका है। इनमें से उस काल के प्रसिद्ध अनेक मंदिर सदा के लिए नष्ट हो गए और हिन्दू उन्हें पूरी तरह भूल गए। केवल वही मंदिर याद रहे जिनका कुछ अंश टूट जाने से शेष रहा था। ई.1680 में औरंगजेब की आज्ञा से आम्बेर के प्रमुख हिन्दू मन्दिरों को गिरवा दिया गया। आम्बेर के कच्छवाहों ने अकबर के शासन काल से ही मुगलों की बड़ी सेवा की थी। इस कारण कच्छवाहों को औरंगजेब के इस कुकृत्य से बहुत ठेस लगी।

20 अप्रेल 1680 को मेरठ के दारोगा ने सूचित किया कि बादशाह के आदेश से मेरठ के मंदिरों के दरवाजों को तोड़ दिया गया है तथा अब वह चित्तौड़ के काफिरों को दण्ड देने जा रहा है। जून 1680 में अबू तुराब ने औरंगजेब को सूचित किया कि आम्बेर में 66 हिन्दू मन्दिरों को तोड़ दिया गया है। 2 अगस्त 1680 को औरंगजेब की सेना ने मालवा का सुप्रसिद्ध सोमेश्वर मंदिर नष्ट कर दिया। 22 फरवरी 1681 को औरंगजेब चित्तौड़ पहुंचा। उसने चित्तौड़ में स्थित 63 प्राचीन मंदिरों को ढहा दिया। इनमें आठवीं शताब्दी के सूर्य मंदिर को भी ढहा दिया गया जिसे अब कालिका माता मंदिर कहा जाता है। इसके साथ ही आठवीं से दसवीं शताब्दी के अनेक प्राचीन मंदिर भी बेरहमी से ढहाए गए। इन मंदिरों के साथ शिल्प एवं स्थापत्य का एक सुंदर संसार सदा के लिए मानव सभ्यता की आंखों से ओझल हो गया। जून 1681 तक औरंगजेब की सेनाओं ने मेवाड़ राज्य में ताण्डव किया। चित्तौड़ दुर्ग के भीतर स्थित 63 मंदिरों

के अतिरिक्त चित्तौड़ क्षेत्र के अन्य सैंकड़ों मंदिर भी तोड़े गए। इनमें परिहारों द्वारा 10वीं शताब्दी ईस्वी में निर्मित कूकड़ेश्वर महादेव, समिद्धेश्वर महादेव, अन्नपूर्णा एवं बाणमाता मंदिर भी सम्मिलित थे।

कालिका मंदिर, चित्तौड़

28 मार्च 1681 को असद अली खाँ ने आम्बेर के निकट गोनेर के लक्ष्मी-जगदीश मंदिर को नष्ट कर दिया। गोनेर को उस काल में राजपूताने का वृंदावन कहा जाता था। यहाँ मध्यकालीन 11 मंदिर थे, जिन्हें औरंगजेब की सेनाओं ने क्षति पहुंचाई। जून 1681 में शाइस्ता खाँ को आदेश भेजकर ब्रह्मपुराण में वर्णित जगन्नाथपुरी के विश्व-प्रसिद्ध मंदिर को तुड़वाया गया।

21 सितम्बर 1681 को औरंगजेब ने बेलदारों के दारोगा जवाहर चंद को आदेश दिए कि वह बुरहानपुर जाए तथा अजमेर से बुरहानपुर तक के मार्ग में स्थित प्रत्येक मंदिर को तोड़ डाले। ई.1681 के अंतिम महीनों में दक्षिण के मोर्चे पर नियुक्त कोटा नरेश को ज्ञात हुआ कि औरंगजेब अजमेर से कोटा, बूंदी एवं माण्डू होता हुआ बुरहानपुर जाएगा। इसलिए कोटा नरेश ने अपने राज्याधिकारियों को पत्र भेजकर सूचित किया कि वे श्रीनाथजी के सेवकों से कहें कि वे भगवान के विग्रह को लेकर बोराम्बा अथवा बिसलपुर चले जाएं तथा तब तक वहाँ रहें जब तक कि औरंगजेब वहाँ से वापस न लौट जाए। 13 नवम्बर 1681 को औरंगजेब बुरहानपुर पहुंचा तथा उसने बुरहानपुर के मंदिरों की रिपोर्ट मांगी। उसे बताया गया कि बुरहानपुर में काफी संख्या में मंदिर हैं जिनके पुजारी उन्हें बंद करके चले गए हैं। औरंगजेब उन मंदिरों को तोड़कर मस्जिद बनाना चाहता था किंतु बुरहानपुर के सूबेदार ने औरंगजेब को बताया कि बुरहानपुर

में इतने मुसलमान नहीं हैं जो इन मंदिरों को तोड़ सकें। चूंकि औरंगजेब को अपनी सेना अपने विद्रोही पुत्र अकबर तथा शिवाजी के पुत्र शंभाजी के विरुद्ध भेजनी थी इसलिए उसने उन मंदिरों के दरवाजे तुड़वाकर उन्हें ईंटों से बंद करवा दिया।

ई.1682 में औरंगजेब के आदेशों से बनारस में स्थित सुप्रसिद्ध नंद-माधव अर्थात् बिंदु-माधव मंदिर को भी तोड़ डाला गया तथा उसके स्थान पर मस्जिद बनाई गई। इस विशाल मंदिर का निर्माण राजा टोडरमल एवं राजा मानसिंह द्वारा अकबर की अनुमति से ई.1585 में करवाया गया था। 13 सितम्बर 1682 को औरंगजेब ने शहजादे आजमशाह को आदेश दिए कि वह शंभाजी के राज्य में पेडगांव स्थित शिव मंदिर को तोड़ डाले। आजमशाह द्वारा इस मंदिर को तोड़ दिया गया तथा इस गांव का नाम बदलकर रहमतपुर कर दिया गया। 2 नवम्बर 1687 को अब्दुल खाँ को हैदराबाद के मंदिरों को तोड़ने के आदेश दिए गए।

जब औरंगजेब द्वारा मंदिरों एवं मूर्तियों को नष्ट करने का काम आरम्भ किया गया तो दक्षिण में नियुक्त अनेक राजपूत राजाओं ने देव-प्रतिमाओं को बचाने के प्रयास आरम्भ कर दिए। इनमें बीकानेर नरेश अनूपसिंह तथा आम्बेर नरेश मिर्जाराजा जयसिंह के नाम सबसे ऊपर हैं। महाराजा अनूपसिंह ने अष्टधातु की बहुत सी मूर्तियों की रक्षा की तथा उन्हें दक्षिण से निकालकर अपने राज्य में स्थित बीकानेर दुर्ग में भिजवा दिया। इन मूर्तियों के लिए बीकानेर में तेतीस करोड़ देवी-देवताओं का मंदिर बनाया गया। ई.1689 में दक्षिण के मोर्चे पर ही महाराजा अनूपसिंह का निधन हुआ। महाराजा द्वारा नष्ट होने से बचाई गई मूर्तियां आज भी बीकानेर में देखी जा सकती हैं।

ई.1690 में औरंगजेब ने एलोरा, त्रयम्बकेश्वर, पंढरपुर जाजुरी तथा यवत के मंदिर तुड़वाए। ई.1693 में औरंगजेब ने गुजरात के वडनगर में स्थित हितेश्वर मंदिर को तोड़ने के आदेश दिए। उसके आदेशों से उत्तर प्रदेश में स्थित सोरों के सीता-राम मंदिर को भग्न किया गया। मंदिर के पुजारियों की मंदिर में ही हत्या की गई तथा गोंडा में देवी-पाटन के नाम पर स्थित देव-वन को नष्ट किया गया।

आम्बेर नरेश मिर्जाराजा जयसिंह ने देश के कई नगरों में निजी सम्पत्तियां खरीदकर जयसिंहपुरा नामक स्थलों का निर्माण करवाया तथा उन्हें अपनी निजी सम्पत्ति बताकर ब्राह्मणों, साधुओं एवं बैरागियों को रहने के लिए दे दिया। ये लोग जयसिंहपुरा में

रहकर अपने निजी मंदिर बनाते थे और उनमें देव-विग्रहों की स्थापना करके उनकी पूजा किया करते थे। जब दिल्ली के एक जयसिंहपुरा में इस प्रकार की पूजा होने की सूचना मिली तो मुगल सेनाओं ने जयसिंहपुरा को घेर कर वहाँ के बैरागियों को पकड़ लिया। मुगल सेना ने 13 देव-मूर्तियां जब्त करके दिल्ली के सूबेदार के पास भेज दीं। जयसिंहपुरा के सामने हिन्दुओं की भारी भीड़ इकट्ठी हो गई। इस भीड़ ने बैरागियों को तो छुड़वा लिया किंतु देव-मूर्तियों को नहीं छुड़वाया जा सका।

ई.1698 में हमीदुद्दीन खाँ को बीजापुर भेजा गया। उसने बीजापुर के मंदिरों को तोड़कर उनके स्थान पर मस्जिदें बनवा दीं। बादशाह उसके काम से इतना प्रसन्न हुआ कि उसने हमीदुद्दीन खाँ को गुसलखाने का दारोगा बना दिया ताकि वह प्रतिदिन हमीदुद्दीन खाँ को देख सके और उसकी प्रशंसा कर सके। औरंगजेब के शासनकाल में उसके उन आदेशों की अक्षरश: पालना की गई जिनके अनुसार हिन्दू न तो अपने पुराने मन्दिरों का जीर्णोद्धार कर सकते थे और न नए मंदिर बना सकते थे। पूरे देश के प्रसिद्ध तीर्थों एवं मंदिरों से देवी-देवताओं की मूर्तियों को तुड़वाकर दिल्ली तथा आगरा में मस्जिदों की सीढ़ियों तथा मार्गों में डलवाया गया जिससे वे नमाज पढ़ने वालें के पैरों से ठुकराई जाएं। उसके शासन में देश भर के हजारों देवमंदिरों को मस्जिदों में बदल दिया गया। यहाँ तक कि छोटे-छोटे चबूतरों तथा पेड़ों के नीचे रखी देव-मूर्तियों एवं पत्थरों को भी तोड़ दिया गया।

इस समय तक औरंगजेब बहुत बूढ़ा हो गया था। फिर भी मंदिरों को तोड़ने की उसकी प्रवृत्ति ज्यों की त्यों बनी रही। 1 जनवरी 1705 को उसने मुहम्मद खलील और बेलदारों के दारोगा खिदमत राय को आदेश दिया कि महाराष्ट्र में पंढरपुर के बिठोबा मंदिर को तोड़ डाला जाए तथा कसाइयों को बुलाकर वहाँ गाएं कटवाई जाएं। यह मंदिर बहुत पुराना और प्रतिष्ठित था एवं इसका उल्लेख स्कंद पुराण में प्रमुख तीर्थ के रूप में किया गया था।

जैसे ही हिन्दुओं को औरंगजेब के इस भयावह आदेश की जानकारी मिली, उन्होंने विठोबा तथा रुक्मणि की प्रतिमाओं को मंदिर से हटाकर जंगलों में छिपा दिया। मुगल सैनिकों ने मंदिर में गायों को लाकर उनकी हत्या की तथा मंदिर को ढहा दिया। औरंगजेब की मृत्यु के बाद हिन्दुओं ने इस मंदिर को पुन: बनाया जिसमें वही प्राचीन प्रतिमाएं पुन: स्थापित की गईं।

औरंगजेब हिन्दू मंदिरों से कितनी घृणा करता था इसका अनुमान औरंगजेब द्वारा रूहिल्ला खाँ को लिखे गए एक पत्र से भली-भांति होता है जिसमें उसने लिखा कि- *'महाराष्ट्र के बुतखाने पत्थर एवं लोहे के बने हुए होते हैं जिन्हें हमारी सेनाएं, मेरे उस रास्ते से होकर निकलने से पहले, पूरी तरह नहीं तोड़ पाती हैं इस कारण वे मुझे दिखाई देते हैं। इसलिए जब मैं वहाँ से होकर निकल जाऊँ तब मंदिर के ध्वंसावशेषों को और अधिक बेलदार लगाकर उन्हें फुर्सत से पूरी तरह तोड़ा जाए। इस कार्य में ऐसे दारोगा को लगाया जाए जो पूरी तरह से कट्टर हो और वह बुतखानों को तोड़ने के बाद उनकी नींवें भी उखाड़ फैंके।'*

हिन्दू शिक्षा केन्द्रों का विनाश

बख्तियार खिलजी द्वारा नष्ट नालंदा विश्वविद्यालय

औरंगजेब जानता था कि मंदिर तोड़ देने से हिन्दू धर्म को पूरी तरह नष्ट नहीं किया जा सकता। इसके लिए उसे कुछ और उपाय भी करने होंगे। इसलिए औरंगजेब ने हिन्दुओं के धर्म के साथ-साथ उनकी संस्कृति को भी उन्मूलित करने का प्रयत्न किया। मुसलमानों के भारत में आने से पहले गांव-गांव में हिन्दू पण्डित हिन्दू बच्चों को वेद, उपनिषद, पुराण, संस्कृत व्याकरण, दर्शन, ज्योतिष, गणित, सांख्य, आयुर्वेद एवं कर्मकाण्ड आदि विषयों की शिक्षा दिया करते थे। इन पण्डितों ने अपने घरों, मंदिरों एवं अन्य स्थानों पर हिन्दू धर्मग्रंथों एवं विविध विषयों के पुस्तकालय बना रखे थे जिनमें हाथ से प्रतिलिपि की गई पुस्तकें रखी जाती थीं। काशी, बनारस, मथुरा, उज्जैन, नालंदा, विक्रमशिला तथा कन्नौज आदि स्थानों पर अनेक गुरुकुल स्थापित थे जिनमें शिक्षा लेने के लिए देश भर से हिन्दू छात्र पहुंचते थे। इनमें से नालंदा एवं विक्रमशिला सहित बहुत से विद्यालयों, पुस्तकालयों एवं गुरुकुलों

को तुर्कों के शासनकाल में तोड़ दिया गया था परंतु फिर भी अनेक शिक्षण संस्था बच गए थे।

औरंगजेब ने इन बची हुई हिन्दू शिक्षण संस्थाओं, गुरुकुलों एवं पुस्तकालयों को भी जलाने एवं तोड़ने के आदेश दिए। इसके बाद थट्टा, मुल्तान तथा बनारस में स्थित समस्त हिन्दू शिक्षण संस्थाओं को नष्ट कर दिया गया। मुसलमान विद्यार्थियों को हिन्दू पाठशालाओं में पढ़ने की अनुमति नहीं थी। हिन्दू पाठशालाओं में न तो हिन्दू धर्म की कोई शिक्षा दी जा सकती थी और न इस्लाम विरोधी बात कही जा सकती थी।

हिन्दुओं से कर वसूली

पाठकों को स्मरण होगा कि दिल्ली के पुहले मुस्लिम शासक कुतुबुद्दीन ऐबक ने ईस्वी 1206-10 के बीच अपनी सल्तनत में रहने वाले हिन्दुओं पर जजिया आरोपित किया था किंतु ई.1556 में जब अकबर दिल्ली और आगरा का बादशाह बना तो उसने कुछ सालों बाद हिन्दू राजाओं को अपने पक्ष में लेने के लिए हिन्दुओं पर से जजिया समाप्त कर दिया। जहांगीर और शाहजहाँ के समय में भी यही व्यवस्था बनी रही किंतु औरंगजेब यह सहन नहीं कर सकता था कि उसके राज्य में काफिर जनता बादशाह को जजिया न दे।

जब तक जोधपुर, बीकानेर, जयपुर, किशनगढ़ एवं बूंदी के प्रबल हिन्दू राजा जीवित रहे, तब तक औरंगजेब जजिया लगाने का साहस नहीं कर सका किंतु ईस्वी 1678 में जोधपुर नरेश जसवंतसिंह की मृत्यु के बाद औरंगजेब का रास्ता साफ हो गया। बीकानेर का राजा कर्णसिंह भी राज्यच्युत होकर 1669 में औरंगाबाद में मृत्यु के मुख में जा चुका था। आम्बेर का शासक मिर्जाराजा जयसिंह पहले ही ई.1667 में मृत्यु को प्राप्त हो चुका था। किशनगढ़ का प्रबल राजा रूपसिंह राठौड़ एवं बूंदी का प्रबल राजा छत्रसाल हाड़ा भी ई.1658 में शामूगढ़ के मैदान में काम आ चुके थे। इन राजाओं के उत्तराधिकारियों में इतनी शक्ति नहीं थी कि वे औरंगजेब का विरोध कर सकें। इसलिए औरंगजेब ने 2 अप्रेल 1679 को मुगल सल्तनत की हिन्दू प्रजा पर फिर से जजिया लगा दिया।

हिन्दुओं के लिए यह अनिवार्य था कि वे यह 'कर' अपने हाथों से कर-वसूली अधिकारी को विनम्रता पूर्वक प्रदान करें। समस्त गैर-मुस्लिम प्रजा को तीन श्रेणियों

में विभक्त किया गया। तत्कालीन इतिहासकार मनूची ने लिखा है कि पहली श्रेणी वाले हिन्दू 48 दरहम, द्वितीय श्रेणी वाले हिन्दू 24 दरहम तथा तृतीय श्रेणी वाले हिन्दू 12 दरहम वार्षिक जजिया चुकाते थे। औरंगजेब के समय में एक दरहम का मूल्य चार आने से कुछ अधिक होता था तथा एक आना चार पैसे का होता था। अर्थात् जजिया की अधिकतम राशि लगभग आठ रुपए वार्षिक तथा न्यूनतम राशि लगभग 2 रुपए वार्षिक थी। इन करों से बचने के लिए बहुत से निर्धन हिन्दू अपना धर्म छोड़कर मुसलमान बन गए। प्रत्येक हिन्दू को प्रयाग में गंगा-स्नान करने के लिए 6 रुपए 4 आने तीर्थ-कर के रूप में देने पड़ते थे। अन्य तीर्थों पर भी उनकी महत्ता के अनुसार अगलग-अलग कर लगाया गया था।

औरंगजेब के इस निर्णय का पूरे देश में विरोध हुआ। सबसे अधिक प्रबल विरोध उसकी अपनी राजधानी दिल्ली तथा उसके निकटवर्ती प्रांतों मथुरा एवं राजस्थान में हुआ। बहुत से स्थानों पर जजिया वूसली अधिकारियों को पीटा गया तथा उनकी दाढ़ी नौंचकर उन्हें भगा दिया गया। मथुरा में इस विद्रोह का नेतृत्व जाटों ने किया तथा राजस्थान में जाट एवं राजपूत जातियों ने मिलकर किया। कुछ स्थानों पर मस्जिदों को तोड़ दिया गया तथा उनमें नमाज पढ़ने वालों को भी भगा दिया गया। मथुरा में मंदिरों को तोड़ने वाले अधिकारी अब्दुल नबी को जाटों ने मार डाला तथा सादाबाद परगने को लूट लिया।

जब औरंगजेब जुम्मे की नमाज पढ़ने के लिए लाल किले से जामा मस्जिद जाया करता था, तब हजारों हिन्दू उसके मार्ग में खड़े होकर उससे प्रार्थना करते थे कि हिन्दुओं पर से जजिया हटा दिया जाए। औरंगज़ेब पर इन प्रार्थनाओं का कोई प्रभाव नहीं हुआ। इसलिए एक शुक्रवार को हजारों हिन्दू उस मार्ग में लेट गए जिस मार्ग से होकर बादशाह का काफिला जुम्मे की नमाज पढ़ने के लिए जामा मस्जिद जाया करता था।

औरंगजेब ने अपने अंगरक्षकों से कहा कि हाथियों और घोड़ों को इन लोगों के ऊपर से होकर ले जाया जाए। बादशाह के इस आदेश पर भी हिन्दू जनता सड़कों पर लेटी रही। इस कारण सैंकड़ों लोग हाथियों एवं घोड़ों के पैरों के नीचे कुचल कर घायल हो गए एवं बहुत से मर गए। जब यह समाचार भारत के विभिन्न भागों में में फैला तो घर-घर में कोहराम मच गया। कुफ्र हटाने के लिए औरंगजेब ने जो

मार्ग चुना था, उसने भारतवासियों को तैमूर लंगड़े की याद दिला दी थी जिसने पंजाब से लेकर दिल्ली और हरिद्वार तक लाशों के ढेर लगवा दिए थे।

झुक कर अर्पित करना होता था जजिया

मध्यकाल के मुस्लिम शासकों का मानना था कि जो लोग इस्लाम को स्वीकार न करें उनके विरुद्ध जेहाद या धर्मयुद्ध किया जाए परन्तु यदि वे जजिया देने को तैयार हों तो उनकी जान बख्श दी जाए। दुनिया भर में मुस्लिम बादशाहों एवं सुल्तानों द्वारा यहूदियों तथा ईसाइयों के साथ भी यही व्यवहार किया जाता था। हिन्दुओं को जजिया से बहुत घृणा थी। इससे उन्हें अपनी गुलामी का अहसास होता था। इस कर को फिर से लगाकर औरंगजेब ने हिन्दुओं, विशेषकर राजपूतों की भावनाओं को बड़ा आघात पहुँचाया।

मराठा शासक छत्रपति शिवाजी तथा मेवाड़ के महाराणा राजसिंह ने औरंगजेब को कड़े पत्र लिखकर जजिया लगाने के लिए उसकी जबर्दस्त भर्त्सना की। महाराणा ने लिखा कि यदि बादशाह को गरीबी ने घेर लिया है तो सबसे पहले वह मुझसे जजिया वसूल करके दिखाए तथा उसके बाद जयपुर के कच्छवाहे रामसिंह से जजिया वसूल करे। जबकि छत्रपति शिवाजी ने लिखा कि यदि तुझे अपनी गरीबी दूर करनी है तो पहले महाराणा राजसिंह से और फिर मुझसे जजिया वसूल करके दिखाए।

मुगलों के काल में उपज का चालीस से पचास प्रतिशत हिस्सा मालगुजारी के रूप में लिया जाता था। अकबर के समय मुगल सल्तनत को भारत से 13 करोड़ 21 लाख रुपए मालगुजारी के रूप में मिलते थे जिसमें अफगानिस्तान से मिलने वाली मालगुजारी शामिल नहीं थी। औरंगजेब के समय में मालगुजारी से मुगल सल्तनत की

आय 33 करोड़ 25 लाख रुपए होती थी। इस आय में जकात और जजिया से मिलने वाली राशि शामिल नहीं थी।

औरंगजेब के समय में हिन्दू किसानों से मालगुजारी के रूप में उनकी फसल का आधा हिस्सा लिया जाता था जबकि मुसलमान किसानों से फसल का चौथाई हिस्सा ही लिया जाता था। मुसलमानों से जकात के रूप में उनकी वार्षिक आय का ढाई रुपया सैंकड़ा वसूल किया जाता था। जबकि हिन्दुओं से ली जाने वाली जजिया की राशि प्रत्येक घर से दो रुपए से लेकर आठ रुपए प्रतिवर्ष वसूल की जाती थी। प्रत्येक तीर्थस्थान पर हिन्दुओं को अलग-अलग तीर्थकर चुकाना पड़ता था।

प्रयाग में गंगास्नान करने वालों को सवा छः रुपए चुकाने पड़ते थे। गया एवं हरिद्वार जैसे तीर्थों पर भी हिन्दुओं से बेरहमी से कर वसूला जाता था। इस प्रकार जजिया से औरंगजेब को करोड़ों रुपए सालाना की आय होती थी। यह सारी राशि शाही परिवार के सदस्यों को पेंशन के रूप में एवं सेनाओं को वेतन के रूप में दी जाती थी।

इस काल में हुगली एवं मछलीपट्टनम नामक बंदरगाहों से प्राप्त होने वाले महसूल की जानकारी उपलब्ध नहीं है किंतु अकेले सूरत बंदरगाह से 12 लाख रुपए सालाना महसूल वसूला जाता था। जबकि अंग्रेजों, फ्रांसीसियों, डचों एवं पुर्तगालियों आदि के जहाजों से हर साल इतना रुपया वूसला जाता था जिससे मुगलिया सल्तनत मालामाल हो गई थी।

अकबर से लेकर जहांगीर एवं शाहजहाँ के काल में सल्तनत का बहुत सा रुपया शाही परिवारों एवं सेनाओं पर खर्च किया जाता था फिर भी सल्तनत के खजाने से पूरे देश में बड़े-बड़े भवन बनाए गए थे जिनमें से अधिकतर मस्जिद एवं मकबरे थे। औरंगजेब के समय शाही खजाने से बहुत कम मकबरे एवं मस्जिदें बनी थीं और सारा रुपया सेनाओं को वेतन चुकाने में और बेलदारों को मंदिर तोड़ने के बदले चुकाने में खर्च हो जाता था। इस पर भी औरंगजेब के पास अकूत सम्पदा एकत्रित हो गई थी। उसके शहजादों एवं शहजादियों ने भी जनता का खून चूसकर सोने-चांदी के सिक्के एवं हीरे-मोती के गहने इकट्ठे कर लिए थे किंतु जब ई.1682 में औरंगजेब दक्खिन के मोर्चे पर चला गया तो सरकार का खर्चा बेतहाशा बढ़ गया। इस समय

औरंगजेब को अफगानिस्तान, पंजाब, आगरा असम तथा महाराष्ट्र में बड़ी-बड़ी सेनाएं रखनी पड़ रही थीं तथा राजपूत युवकों के न मिलने से मुस्लिम युवकों को अधिक वेतन देकर सेनाओं में भर्ती करना पड़ रहा था।

इस काल में जनता की दशा यह थी कि एक गांव को मुगल लूट कर निकलते थे तो मराठे आ धमकते थे। मराठे निकलते थे तो डाकू आ धमकते थे, लुटी हुई जनता को कई बार लूटा जाता और जब भी फसल पक कर तैयार होती थी, लूट का सिलसिला शुरु हो जाता था। सिपाही और लुटेरे निरीह लोगों पर तरह-तरह का अत्याचार करते। जबर्दस्ती उनके घरों में घुस जाते और उनका माल-असबाब उठा कर भाग जाते। बिना कोई धन चुकाये जानवरों को पकड़ लेते और उन्हें मार कर खा जाते। शायद ही कोई घर ऐसा रह गया था जिसमें स्त्रियों की मर्यादा सुरक्षित बची थी। जनता इन अत्याचारों की चक्की में पिस कर त्राहि-त्राहि कर रही थी किंतु किसी ओर कोई सुनने वाला नहीं था।

बार-बार के सूखे और अकालों की स्थिति के कारण राजकोष जुटाना और सेना बढ़ाना संभव नहीं था। जब अकाल भयावह हो जाता था तो हजारों आदमी भूख से मर जाते थे। शहर के शहर खाली हो जाते थे। अच्छे-अच्छे घरों के लोग दूरस्थ इलाकों में भाग जाते थे जहाँ वे भीख मांगकर गुजारा करते थे। लाख बार गिड़गिड़ाने पर भी भीख नहीं मिलती थी। रोजगार की आशा करने से अच्छा तो मौत की आशा करना था क्योंकि मौत फिर भी मिल जाती थी किंतु रोजगार नहीं मिलता था। जब खाली हवेलियों में भूखे-नंगे लोग लूटमार के लिए घुसते तो उन्हें अनाज का दाना देखने को भी नहीं मिलता था।

संभ्रांत लोगों की यह दशा थी तो निर्धनों की कठिनाइयों का तो अनुमान ही नहीं लगाया जा सकता। औरतें वेश्यावृत्ति करके पेट पालने लगीं। लाखों बच्चे भूख और बीमारी से तड़प-तड़प कर मर जाते थे। अकाल के साथ ही महामारी प्लेग का भी प्रकोप हुआ। प्लेग ने हिन्दुस्तान के बहुत से शहरों को अपनी चपेट में ले लिया। शहर के शहर खाली हो गए। लोगों ने भाग कर जंगलों और पहाड़ों में शरण ली। फिर भी असंख्य आदमी मर गए। अंत में ऐसी स्थिति आयी कि जब खाने को कहीं कुछ न रहा तो आदमी, आदमी का भक्षण करने लगा। इक्के-दुक्के आदमी को अकेला

पाकर पकड़ लेने के लिए नरभक्षियों के दल संगठित हो गए। पूरे देश में हा-हा कार मचा हुआ था।

जब अकबर के समय में देश की यह दशा थी तो औरंगजेब के समय में क्या रही होगी, इसका अनुमान लगाया जा सकता है! भारत की जनता को इतना दु:ख पहुंचा कर भी भी औरंगजेब संतुष्ट नहीं हुआ। उसके चारों ओर कुफ्र फैला हुआ था जो नष्ट होने में ही नहीं आता था!

सरकारी नौकरियों से हिन्दुओं का निष्कासन

जब से तुर्की मुसलमानों ने भारत में राजसत्ता स्थापित की थी तभी से माल-विभाग के अधिकांश कर्मचारी हिन्दू हुआ करते थे। अकबर ने समस्त सरकारी नौकरियों के द्वार हिन्दुओं के लिए खोल दिए थे। ई.1670 में औरंगजेब ने आदेश जारी किया कि माल-विभाग से समस्त हिन्दुओं को निकाल दिया जाए। हिन्दू इस कार्य में बड़े कुशल थे। उनके रिक्त स्थान की पूर्ति के लिए शिक्षित मुस्लिम कर्मचारी नहीं मिल सके। इसलिए औरंगजेब ने दूसरा आदेश निकाला कि एक हिन्दू के साथ एक मुसलमान कर्मचारी भी रखा जाए। ई.1671 में औरंगजेब ने आदेश जारी किए कि पेशकार (अर्थात् लिपिक), दीवान (अर्थात् लेखाकार) एवं राजस्व संग्राहक के पद से हिन्दुओं को हटाकर उनके स्थान पर मुसलमान नियुक्त किए जाएं। जब इतनी अधिक संख्या में शिक्षित मुस्लिम कर्मचारी नहीं मिले तो 50 प्रतिशत पदों पर हिन्दू रखने की छूट दी गई।

हिन्दुओं को प्रलोभन

औरंगजेब ने विभिन्न प्रकार के प्रलोभन देकर हिन्दुओं को मुसलमान बनने के लिए प्रोत्साहित किया। जो हिन्दू मुसलमान बन जाते थे वे जजिया से मुक्त कर दिए जाते थे तथा उन्हें राज्य में उच्च पद दिए जाते थे। मुसलमान बनने वाले हिन्दुओं को सरकार की तरफ से सम्मान सूचक वस्त्रों से पुरस्कृत किया जाता था। हिन्दू बंदियों द्वारा इस्लाम स्वीकार कर लेने पर उन्हें कारावास से मुक्त कर दिया जाता था। मुगल काजियों एवं सिपाहियों के दबाव में जो हिन्दू अपना धर्म त्याग देते थे, उन्हें सरकारी कारिंदों द्वारा हाथी पर बैठाकर जुलूस निकाला जाता था। उनके आगे ढोल-ताशे बजाए जाते थे तथा शाही झण्डा लगाया जाता था। उन्हें दैनिक भत्ता भी दिया जाता था तथा सरकारी नौकरियों पर रखा जाता था। यदि अदालत में किसी हिन्दू का दूसरे हिन्दू

से सम्पत्ति विवाद होता था और उनमें से एक पक्ष मुसलमान बन जाता था तो सम्पत्ति विवाद का निर्णय मुसलमान बनने वाले के पक्ष में किया जाता था।

बल-पूर्वक खतना

समाज के जो ख्यातिनाम हिन्दू, सरकार द्वारा मुसलमान बनने के लिए दिए जा रहे प्रलोभनों में नहीं पड़ते थे उन्हें बलपूर्वक मुसलमान बनाने का प्रयत्न किया जाता था। उनमें से बहुतों को मार दिया जाता था। मथुरा के वीर गोकुला जाट को इसी प्रकार मारा गया था। जो हिन्दू, इस्लाम की निन्दा तथा हिन्दू धर्म की प्रशंसा करते हुए पकड़े जाते थे उन्हें कठोर दण्ड दिए जाते थे। उद्धव बैरागी नामक साधु को मुगलों द्वारा हिन्दुओं पर किए जा रहे अत्याचारों से इतना क्रोध आया कि ईस्वी 1669 में उसने अपने चेलों के साथ मिलकर काजी मुकर्रम की हत्या कर दी। इस कारण औरंगजेब ने उद्धव बैरागी तथा उसके शिष्यों को घेर कर मरवाया।

दार-उल-इस्लाम के विरुद्ध प्रतिक्रिया

औरंगजेब ने देश भर से हिन्दू देवी-देवताओं के हजारों मंदिर तुड़वाकर, हिन्दू तीर्थों पर जजिया लगाकर तथा हिन्दू कर्मचारियों को शाही नौकरी से निकालकर पूरे देश की जनता को अपना दुश्मन बना लिया था। औरंगजेब द्वारा की जा रही इन कार्यवाहियों के विरोध में देश के विभिन्न भागों में औरंगजेब के विरुद्ध कड़ी प्रतिक्रिया हुई और देश के विभिन्न भागों में विद्रोह की चिन्गारी भड़क उठी। औरंगजेब को अपने जीवन का बहुत बड़ा समय इन विद्रोहों से निबटने में लगाना पड़ा।

सबसे पहले राजा चम्पतराय के नेतृत्व में बुन्देलों ने विद्रोह का झण्डा खड़ा किया। इनका इतिहास हम पूर्व में बता चुके हैं। अंत में वीर छत्रसाल ने पूर्वी मालवा को जीतकर अपना स्वतन्त्र राज्य स्थापित कर लिया और पन्ना को अपनी राजधानी बनाकर स्वतन्त्रतापूर्वक शासन करने लगा। वह मुगल सल्तनत को आतंकित करने का कोई अवसर हाथ से नहीं जाने देता था।

उस काल में मथुरा से लेकर आगरा और जयपुर के बीच में जाट बड़ी संख्या में रहते थे। जब औरंगजेब ने केशवराय का मंदिर तुड़वाया तो जाटों ने विद्रोह का झण्डा उठा लिया और उन्होंने मुगल सूबेदार अब्दुल नबी की हत्या कर दी। इसके

बाद मुगलों और जाटों के बीच एक लम्बा संघर्ष छिड़ गया और यह तभी समाप्त हुआ जब मुगलिया सल्तनत की ईंट से ईंट बज गई।

दिल्ली के दक्षिण-पश्चिम में स्थित नारनौल में सतनामी निवास करते थे। जब औरंगजेब की सेना द्वारा सतनामियों पर अत्याचार किए गए तो सतनामियों ने भी लाल किले की सल्तनत के विरुद्ध खुला युद्ध छेड़ दिया। इस युद्ध में कई हजार सतनामी और कई हजार मुगल सैनिक मारे गए। सिक्खों तथा मुगलों के बीच जहांगीर के समय से संघर्ष चल रहा था। औरंगजेब के समय में वह चरम पर पहुंच गया। जहांगीर द्वारा गुरु अर्जुनदेव की तथा औरंगजेब द्वारा गुरु तेग बहादुर की हत्या करवाने का इतिहास हम पूर्व में बता चुके हैं।

औरंगजेब की हिन्दू विरोधी नीति के कारण राजपूत जाति भी उससे नाराज हो गई। औरंगजेब ने किशनगढ़ की राजकुमारी चारुमती से विवाह करने के लिए डोला भिजवाया किंतु चारुमती ने मेवाड़ महाराणा राजसिंह को किशनगढ़ आमंत्रित करके महाराणा से विवाह कर लिया। औरंगजेब ने बीकानेर के राजा कर्णसिंह से उसका राज्य छीनकर औरंगाबाद भेज दिया। औरंगजेब ने ई.1667 में आम्बेर नरेश जयसिंह को जहर देकर मरवा दिया। औरंगजेब द्वारा मारवाड़ के राजा जसवंतसिंह की मृत्यु के बाद औरंगजेब द्वारा मारवाड़ राज्य खालसा कर लिया गया। मराठों के विरुद्ध औरंगजेब को अपनी ताकत का बहुत बड़ा हिस्सा झौंकना पड़ रहा था किंतु वीर मराठा जाति अपने नेता छत्रपति शिवाजी के नेतृत्व में औरंगजेब का राज्य छीनती जा रही थी तथा बीजापुर के राज्य को लगभग निगल चुकी थी।

पूर्वोत्तर में अहोम राजाओं से मुगलों का लम्बे काल तक युद्ध चलता रहा जिसमें हजारों मुगल सिपाहियों को अपने प्राण गंवाने पड़ रहे थे। इसका इतिहास भी हम पूर्व में बता चुके हैं। औरंगजेब की नीतियों के कारण भारत की पश्चिमोत्तर सीमा इतनी असुरक्षित हो गई थी कि यूसुफजई लड़ाके भारतीय लोगों को पकड़कर मध्य एशिया के बाजारों में बेच रहे थे। औरंगजेब का सबसे बड़ा शहजादा मुहम्मद सुल्तान 16 साल तक सलीमगढ़ की जेल में बंद रहकर मर चुका था। अब औरंगजेब के दो शहजादे मुअज्जम और अकबर भी अपने पिता औरंगजेब से विद्रोह की तैयारियां कर रहे थे। यहाँ तक कि औरंगजेब की सबसे प्रिय शहजादी जेबुन्निसा भी अपने पिता की नीतियों की धुर विरोधी हो गई थी और वह भी अपने बाप को लाल किले

की गद्दी से हटाकर अपने भाइयों में से किसी एक को बादशाह बनाने के लिए षड़यंत्र करने लगी थी।

इस प्रकार पूरा देश औरंगजेब के विरोध में उठ खड़ा हुआ। अकबर, जहांगीर तथा शाहजहाँ ने ***'मधु मण्डित सुलहकुल नीति'*** के माध्यम से राजपूत राजाओं को अपने पक्ष में रखा था तथा उन्हें शासन में कनिष्ठ भागीदार बनाकर उनसे मुगलिया सल्तनत के विस्तार का काम करवाया था। इस कारण राजपूत, मुगल साम्राज्य की दाहिनी भुजा बन गए थे। जब तक यह भुजा सुरक्षित थी, मुगलों का राज्य जाने वाला नहीं था किंतु औरंगजेब ने मधु-मण्डित सुलहकुल नीति को त्यागकर तथा हिन्दुओं के मंदिरों एवं देव-मूर्तियों को नष्ट करके राजपूतों को नाराज कर लिया था। अब औरंगजेब को मराठों और मेवाड़ियों के हाथों से बचाने वाला कोई नहीं था।

राजपूत राजा इस बात के लिए तैयार नहीं थे कि हिन्दुओं से उनका धर्म छीन लिया जाए। उनके मंदिर तोड़ दिए जाएं, उनके तीर्थों को नष्ट कर दिया जाए, उनके तीज-त्यौहारों पर रोक लगा दी जाए।

जब औरंगजेब ने हिन्दू राजाओं की एक साथ सुन्नत करने का प्रयास किया तो हिन्दू राजा औरंगजेब से विमुख हो गए। अंग्रेज इतिहासकार लेनपूल ने लिखा है- ***'जब तक वह कट्टरपंथी औरंगजेब, अकबर के सिंहासन पर बैठा रहा, एक भी राजपूत उसे बचाने के लिए अपनी अंगुली भी हिलाने को तैयार नहीं था। औरंगजेब को अपनी दाहिनी भुजा खोकर दक्षिण के शत्रुओं के साथ युद्ध करना पड़ा।'***

इस कारण मुगल सल्तनत पतनोन्मुख हो गई। फिर भी इतनी बड़ी सल्तनत एकदम से नहीं गिर सकती थी। उसे नष्ट होने में कई वर्ष लगने वाले थे।

औरंगजेब की मृत्यु तथा महाराजा सूरजमल का जन्म

ई.1707 में औरंगजेब की मृत्यु हो गई तथा उसके पुत्रों में उत्तराधिकार का युद्ध हुआ जिसमें मुअज्जमशाह अपने भाइयों को मारकर शाहआलम (प्रथम) के नाम से बादशाह बना। उसे बहादुरशाह (प्रथम) के नाम से भी जाना जाता है। जिस समय औरंगजेब की मृत्यु हुई तथा बहादुरशाह (प्रथम) मुगलों के तख्त पर बैठा, उसी वर्ष महाराजा सूरजमल जाट का जन्म हुआ।

चूड़ामन जाट

बहादुरशाह के समय में जयपुर के कच्छवाहों, मेवाड़ के गुहिलों एवं जोधपुर के राठौड़ों ने मुगल बादशाह के विरुद्ध एक संघ बनाया जिसमें यह निर्णय लिया गया कि अब जयपुर एवं जोधपुर अपनी राजकुमारियों के विवाह मुगलों के साथ नहीं करेंगे तथा ये तीनों राजवंश एक दूसरे के साथ मित्रता रखते हुए मुगलों के विरुद्ध संघर्ष करेंगे तथा मुगलों की चाकरी नहीं करेंगे किंतु जयपुर के सवाईराजा जयसिंह (द्वितीय) की स्वार्थपरायणता के कारण यह संघ मुगलों के विरुद्ध प्रभावी नहीं हो सका।

इस काल में राजाओं के साथ-साथ समाज के विभिन्न समुदायों में कुछ वीर नेताओं का अभ्युदय हुआ जिन्होंने सामान्य पृष्ठभूमि से उभरकर हिन्दू स्वातंत्र्य का झण्डा ऊँचा किया। इनमें सिक्खों के नेता बंदा बहादुर, जाटों के नेता चूड़ामन जाट एवं बदनसिंह तथा राजपूतों के नेता दुर्गादास आदि के नाम प्रमुख हैं। मराठा शक्ति भी इस समय नवीन रूप धारण कर रही थी। बड़ौदा में गायकवाड़, धार में पंवार, इन्दौर में भौंसले तथा ग्वालियर में सिंधिया नामक मराठा सरदारों का उदय हो रहा था। जो पेशवा के नेतृत्व में कुछ ही वर्षों में न केवल मुगल सल्तनत की चूलें हिलाने वाले थे अपितु पूरे उत्तरी भारत को रौंद कर भारत की जनता के समक्ष नया सकंट खड़ा करने वाले थे।

❑❑❑

जाटों का अधिवास एवं प्रवृत्तियां

जाट एक अत्यंत प्राचीन भारतीय समुदाय है। यह प्राय: कृषि एवं पशुपालन से जुड़ा हुआ, सम्पन्न, परिश्रमी एवं जनजातीय विशेषताओं से युक्त समुदाय है जो उत्तर भारत के उपाजाऊ मैदानों एवं मध्य भारत के उपाजाऊ पठार में बड़ी संख्या में निवास करता आया है। महाभारत में सर्वप्रथम जाटतृक अथवा जर्तिका नामक जाति का उल्लेख होता है जो पंजाब में निवास करती थी, ऐसा प्रतीत होता है कि महाभारत युद्ध के पश्चात् हुई उथल-पुथल के बाद के किसी काल में जाट जाति ने पंजाब के उपजाऊ मैदानों से बाहर निकलकर दूर-दूर तक अपना विस्तार किया। उपजाऊ प्रदेशों में मुक्त रूप से कृषि एवं पशुपालन जैसे कठिन कार्य को करने के कारण तथा प्राचीन वैदिक सभ्यता का अनुसरण करने के कारण ही जाट जाति में सम्पन्नता एवं स्वातंत्र्य-प्रियता सहज रूप से दिखाई पड़ती है। ऐसा भी माना जाता है कि जनमेजय के नागयज्ञ के बाद बचे हुए नाग इन्द्रप्रस्थ (दिल्ली) से निकलकर नागपुर (महाराष्ट्र) तथा उसके नीचे तक फैल गए। यही कारण है कि दिल्ली, भरतपुर, धौलपुर, आगरा, मथुरा, मेरठ हिसार, सीकर, चूरू, झुंझुनूं, बीकानेर, नागौर, जोधपुर तथा बाड़मेर आदि जिलों में बड़ी संख्या में जाट निवास करते हैं।

ब्रज क्षेत्र के जाटों का संघर्ष

गंगा-यमुना का दो-आब, दिल्ली के मुस्लिम शासकों के अत्याचारों से सर्वाधिक उत्पीड़ित रहा। दिल्ली के सुल्तानों द्वारा अपनाई गई भू-राजस्व की अधिकाधिक वसूली की प्रवृत्ति ने दो-आब के किसानों पर भयानक अत्याचार किए। अनेक सुल्तानों ने मुसलमान किसानों से लगान नहीं लेने तथा हिन्दू किसानों से अत्यधिक भूराजस्व लेने की नीति अपनाई इस कारण हिन्दू किसानों में विद्रोही प्रवृत्ति का जन्म लेना स्वाभाविक ही था। दो-आब के सम्पन्न प्रदेश के निवासी होने के कारण इस क्षेत्र के किसान अत्यधिक स्वातंत्र्य-प्रिय भी थे, इस कारण इस क्षेत्र के किसानों ने दिल्ली सल्तनत

की सेनाओं और राजस्व वसूलने वाले अधिकारियों का प्रतिरोध किया, परिणामतः इस क्षेत्र के किसानों पर अत्याचार भी अधिक परिमाण में हुए। बहुत से किसानों को प्रायः शाही सेनाओं के भय से, अपने खेत छोड़कर जंगलों में भाग जाना पड़ता था। शांति स्थापित होने पर ये किसान फिर से अपनी जमीनों पर लौट आते थे। बहुत से किसानों को सिपाहियों के हाथों मिली दर्दनाक एवं भयानक मृत्यु का सामना करना पड़ता था। फिर भी ब्रज क्षेत्र के जाट अपनी जमीनों पर अपना नियंत्रण बनाये रहे। इस कारण उनमें लड़ाकू प्रवृत्ति बनी रही। वे छोटे-छोटे समूहों में संगठित होकर आतताइयों का सामना करने लगे। मुस्लिम सेनाओं के विरुद्ध अपनाई गई यही लड़ाका प्रवृत्ति, जाटों के उत्थान के लिए वरदायिनी शक्ति सिद्ध हुई।

अकबर के समय में बयाना, बाड़ी, टोडाभीम, खानुआ तथा धौलपुर महाल, आगरा सूबे में स्थित आगरा सरकार के अधीन थे जबकि गोपालगढ़, नगर, पहाड़ी तथा कामां जयपुर रियासत के अधीन थे। रूपबास के आसपास उन दिनों विशाल जंगल खड़ा था जहाँ अकबर प्रायः शिकार खेलने आया करता था। इस क्षेत्र की शासन व्यवस्था औरंगजेब के समय तक वैसी ही चलती रही।

सत्रहवीं शताब्दी के आते-आते आगरा, मथुरा, कोयल (अलीगढ़), मेवात की पहाड़ियां तथा आमेर राज्य की सीमाओं से लेकर उत्तर में दिल्ली से 20 मील दूर मेरठ, होडल, पलवल तथा फरीदाबाद से लेकर दक्षिण में चम्बल नदी के तट के पार गोहद तक जाट जाति का खूब प्रसार हो गया। इस कारण यह विशाल क्षेत्र जटवाड़ा के नाम से प्रसिद्ध होने लगा। इस क्षेत्र पर नियंत्रण रख पाना शाहजहां के लिए भारी चुनौती का काम हो गया। शाहजहां के काल में जाटों को घोड़े की सवारी करने, बन्दूक रखने तथा दुर्ग बनाने पर प्रतिबंध था।

मुर्शीद कुली खां का वध

ई.1636 में शाहजहाँ ने ब्रजमण्डल के जाटों को कुचलने के लिए मुर्शीद कुली खां तुर्कमान को कामा, पहाड़ी, मथुरा और महाबन परगनों का फौजदार नियुक्त किया। उसने जाटों के साथ बड़ी नीचता का व्यवहार किया जिससे जाट मुर्शीद कुली खां के प्राणों के पीछे हाथ धोकर पड़ गए। हुआ यूं कि कृष्ण जन्माष्टमी को मथुरा के पास यमुना के पार गोवर्धन में हिन्दुओं का बड़ा भारी मेला लगता था। मुर्शीद कुली

खां भी हिन्दुओं का छद्म वेश धारण करके सिर पर तिलक लगाकर और धोती बांधकर उस मेले में आ पहुंचा। उसके पीछे-पीछे उसके सिपाही चलने लगे। उस मेले में जितनी सुंदर स्त्रियां थीं, उन्हें छांट-छांटकर उसने अपने सिपाहियों के हवाले कर दिया। उसके सिपाही उन स्त्रियों को पकड़कर नाव में बैठा ले गए। उन स्त्रियों का क्या हुआ, किसी को पता नहीं लगा। उस समय तो मुर्शीद कुली खां से कोई कुछ नहीं कह सका किंतु कुछ दिन बाद ई.1638 में जाटवाड़ नामक स्थान पर (सम्भल के निकट) जाटों ने उसकी हत्या कर दी।

आम्बेर नरेश जयसिंह की नियुक्ति

इस पर शाहजहां ने जाटों को कुचलने के लिए आम्बेर नरेश जयसिंह को नियुक्त किया। जयसिंह ने सफलता पूर्वक जाटों का दमन किया और उनसे राजस्व वसूल किया। जयसिंह ने जाटों, मेवों तथा गूजरों का बड़ी संख्या में सफाया किया तथा अपने विश्वस्त राजपूत परिवार इस क्षेत्र में बसाये।

गोकुला का नेतृत्व

ई.1699 के आसपास जाट गोकुला के नेतृत्व में संगठित हुए। गोकुला तिलपत गांव का जमींदार था। औरंगजेब के अत्याचारों से तंग होकर वह महावन आ गया। उसने जाटों, मेवों, मीणों, अहीरों, गूजरों, नरूकों तथा पवारों को अपनी ओर मिला लिया तथा उन्हें इस बात के लिए उकसाया कि वे मुगलों को कर न दें। मुगल सेनापति अब्दुल नबी खां ने गोकुला पर आक्रमण किया। उस समय गोकुला सहोर गांव में था। जाटों ने अब्दुल नबी खां को मार डाला तथा मुगल सेना को लूट लिया। इसके बाद गोकुला ने सादाबाद गांव को जला दिया और उस क्षेत्र में भारी लूट-पाट की। अंत में औरंगजेब स्वयं मोर्चे पर आया और उसने जाटों को घेर लिया। जाटों की स्त्रियों ने जौहर किया तथा जाट वीर मुगलों

गोकुला जाट

पर टूट पड़े। हजारों हिन्दू मारे गए। गोकुला को हथकड़ियों में जकड़कर औरंगजेब के समक्ष ले जाया गया। औरंगजेब ने उससे कहा कि वह इस्लाम स्वीकार कर ले। गोकुला ने इस्लाम मानने से मना कर दिया। इस पर औरंगजेब ने आगरा की कोतवाली के समक्ष गोकुला का एक-एक अंग कटवाकर फिंकवा दिया। पराजय, पीड़ा और अपमान का विष पीकर तिल-तिल मरता हुआ गोकुला अपनी स्वतंत्रता को बनाये रखने के लिए विमल कीर्ति के अमल-धवल अमृत पथ पर चला गया।

राजाराम का नेतृत्व

राजाराम जाट

इस्लाम स्वीकार करने से इन्कार कर देने के कारण गोकुला को औरंगजेब के हाथों जिस प्रकार की दर्दनाक और अपमान जनक मृत्यु प्राप्त हुई थी, वैसी ही दर्दनाक और अपमान जनक मृत्यु औरंगजेब ने कई और लोगों को भी दी थी। इस कारण देश में चारों ओर मुगलों के विरुद्ध वातावरण बन गया। गोकुला के अंत से जाट बुरी तरह झल्ला गए। इस बार वे ब्रजराज, ब्रजराज के भाई भज्जासिंह तथा भज्जासिंह के पुत्र राजाराम के नेतृत्व में एकत्रित हुए। ब्रजराज मुगलों से युद्ध करता हुआ मारा गया। उसकी मृत्यु के कुछ समय बाद उसकी पत्नी के गर्भ से एक पुत्र ने जन्म लिया जिसका नाम बदनसिंह रखा गया। आगे चलकर बदनसिंह भी जाटों का नेता बना। ब्रजराज का छोटा भाई भज्जासिंह एक साधारण किसान था। यह परिवार सिनसिनी गांव का रहने वाला था। भज्जासिंह का पुत्र राजाराम भी अपने बाप-दादों की तरह विद्रोही प्रवृत्ति का था। कहते हैं एक बार लालबेग नामक एक व्यक्ति मऊ का थानेदार था। उसने एक अहीर की स्त्री का बलात् शील भंग किया। जब यह बात राजाराम को ज्ञात हुई तो उसने लालबेग की हत्या कर दी। उसकी इस वीरता से प्रसन्न होकर

जाट उसके पीछे हो लिए और राजाराम निर्विवाद रूप से उनका नेता बन गया। शीघ्र ही राजाराम ने मिट्टी के परकोटों से घिरी पक्की गढ़ैयां (छोटे दुर्ग) बनाने आरम्भ कर दिये। जब राजाराम की स्थिति काफी मजबूत हो गई तो उसने आगरा सूबे पर आक्रमण करने शुरू कर दिये। इस पर औरंगजेब ने राजाराज को दिल्ली बुलवाया तथा मथुरा की सरदारी और 575 गांवों की जागीर प्रदान कर दी।

राजाराम ने अपनी जागीर अपने भाई-बंधुओं में बन्दूकची सवार की नियमित शर्त पर वितरित कर दी तथा इस प्रकार अपनी नियमित सेना खड़ी कर ली। औरंगजेब ने सोचा था कि जागीर प्राप्त करके राजाराम मुगलों के साथ हो जाएगा तथा जाटों को नियंत्रण में रखेगा किंतु राजाराम ने मुगलों की बिल्कुल भी परवाह नहीं की। इस कारण पूरे जाट क्षेत्र में जाटों ने सरकारी खजानों, व्यापारियों तथा सैनिक चौकियों को लूटना आरम्भ कर दिया। चारों ओर लुटेरे ही लुटेरे दिखाई देने लगे। आगरा और दिल्ली के बीच सरकारी माल तथा व्यापारियों का निकलना दुष्कर हो गया। इस लूटपाट से जाटों की गढ़ियां माल से भरने लगीं। इस पर औरंगजेब ने शफी खां को आगरा का सूबेदार बनाकर जाटों का दमन करने के लिए भेजा। राजाराम ने आगरा के दुर्ग पर चढ़ाई कर दी। शफी खां डरकर किले में बंद हो गया। राजाराम और उसके साथियों ने जी भरकर आगरा परगने को लूटा। इस पर औरंगजेब ने कोकलतास जफरजंग को आगरा भेजा किंतु वह भी राजाराम को दबाने में असफल रहा। ई.1687 में औरंगजेब ने अपने पोते शहजादा बेदार बख्त को विशाल सेना देकर जाटों के विरुद्ध भेजा। बेदार बख्त के आगरा पहुंचने से पहले ही मार्च 1688 के अंतिम सप्ताह में राजाराम ने रात्रि के समय सिकन्दरा स्थित अकबर की कब्र को घेर लिया। उसने अकबर की कब्र खुदवाकर उसकी हड्डियां आग में झौंक दीं तथा मकबरे की छत पर लगे सोने-चांदी के पतरों को उतार लिया। मकबरे के मुख्य द्वार पर लगे कांसे के किवाड़ों को तोड़ डाला। वहाँ से चलकर उसने मुगलों के गांवों को लूटा। खुर्जा परगना भी उसके द्वारा बुरी तरह से लूटा गया। पलवल का थानेदार गिरफ्तार कर लिया गया।

जब बेदार बख्त जाटों के विरुद्ध अप्रभावी सिद्ध हुआ तो औरंगजेब ने आम्बेर नरेश बिशनसिंह को जाटों के विरुद्ध भेजा। उसने राजाराम को युद्ध क्षेत्र में मार गिराया तथा उसका सिर काटकर औरंगजेब को भेज दिया। राजाराम का प्रबल सहायक रामचेहर भी इस युद्ध में पकड़ा गया। उसका सिर काटकर आगरा के किले के सामने लटका

दिया गया। राजाराम के कटे हुए सिर को देखकर औरंगजेब ने बड़ा उत्सव मनाया। राजाराम की मृत्यु से भी औरंगजेब संतुष्ट नहीं हो सका। उसने राजा बिशनसिंह से कहा कि वह जाट जाति को ही समाप्त कर दे। बिशनसिंह जाटों का जन्मजात शत्रु था क्योंकि जाट उसके राज्य में लूटपाट किया करते थे। उसने जाटों के विरुद्ध भयानक अभियान चलाया जिसमें बहुत बड़ी संख्या में जाट मारे गए।

सिनसिनी के जाट

उन दिनों सिनसिनी दुर्ग जाटों की शक्ति का मुख्य केन्द्र था। सिनसिनी के अधीन केवल तीस गांव थे किंतु यह दुर्ग घने जंगल और दलदल से घिरा हुआ था। चारों ओर पैंघोर, कार्साट, सोगर, अबार, सौंख, रायसीस और सोंखरे-सोंखरी के छोटे दुर्ग बने हुए थे। इन्हें जीते बिना सिनसिनी तक पहुंचना सम्भव नहीं था। ई.1688 में महाराजा बिशनसिंह ने सौंख गढ़ी पर घेरा डाला। उसे जीतने में चार महीने लग गए किंतु इसके बाद सिनसिनी तक पहुंचने का मार्ग खुल गया। बिशनसिंह के पास कच्छवाहों के अलावा मुगल सेना भी थी। उसने सिसिनी के चारों तरफ का जंगल कटवा डाला तथा 15 फरवरी 1690 को सिनसिनी पर अधिकार कर लिया। राजाराम का बेटा फतहसिंह और चूड़ामन किसी तरह जान बचाकर भाग गए। इस युद्ध में 900 मुगल सैनिक तथा 1500 जाट सैनिक मारे गए। इसके बाद 21 मई 1691 को बिशनसिंह ने सोघोर गढ़ैया को जा घेरा। उस दिन दुर्ग में धान पहुंचाया जा रहा था। इस कारण दुर्ग के द्वार खुले हुए थे।

ठीक उसी समय बिशनसिंह ने वहाँ पहुंचकर दुर्ग को अपने अधिकार में ले लिया। जिसने भी हथियार उठाया, उसे वहीं मार डाला गया। दुर्ग में जीवित बचे 500 जाटों को बंदी बना लिया गया। सिनसिनी की पराजय के बाद जाटों में झगड़ा हुआ और राजाराम के पुत्र फतहसिंह को पराजय का जिम्मेदार ठहराया गया। जाटों ने फतहसिंह के स्थान पर राजाराम के छोटे भाई चूड़ामन को अपना नेता चुन लिया। ई.1704 में चूड़ामन ने सिनसिनी का दुर्ग पुनः जीत लिया किंतु ई.1705 में यह दुर्ग पुनः मुगलों के अधिकार में चला गया।

सिनसिनी के जाट शासक, अपना सम्बन्ध यदुवंशी राजा मदनपाल से बताते हैं। मदनपाल तजनपाल का तीसरा पुत्र था जो ग्यारहवीं शताब्दी में बयाना का शासक

था और बाद में करौली राज्य का संस्थापक था। मदनपाल के वंशज बालचंद की एक स्त्री जाट जाति की थी। इस स्त्री से दो पुत्र हुए जिनमें से एक का नाम विजय तथा दूसरे का नाम सिजय रखा गया। इन दोनों लड़कों को क्षत्रिय न मानकर जाट माना गया। इन दोनों लड़के अपनी जाति सिनसिनवार लिखते थे क्योंकि उनके पैतृक गांव का नाम सिनसिनी था। सिनसिनी डीग से 13 किलोमीटर दूर दक्षिण में है। भरतपुर के जाट शासक अपना सम्बन्ध इन्हीं सिनसिनवारों से मानते हैं।

चूड़ामन का नेतृत्व

मुहम्मद आजम शाह

राजाराम की मृत्यु के बाद चूड़ामन जाटों का नेता बना। ई.1707 में औरंगजेब की मृत्यु हो जाने के बाद चूड़ामन ने अपनी शक्ति बहुत बढ़ा ली और बादशाह जहांदारशाह के हाथियों और खजाने को लूट लिया। उसने थूण दुर्ग में अपनी शक्ति एकत्रित की और शाही खजानों, व्यापारिक कारवों तथा अन्य लोगों को लूटने लगा।

औरंगजेब की मृत्यु होने पर उसके पुत्रों बहादुर शाह तथा आजमशाह में मुगलिया तख्त पर अधिकार को लेकर झगड़ा हुआ। दोनों पक्ष जाजऊ के मैदान में आमने-सामने लड़कर फैसला करने के लिए आ डटे। चूड़ामन ने भी अपनी सेनाएं, इन दोनों सेनाओं के पास ला टिकाईं। जब दोनों ओर से तोपें आग बरसा रही थीं तब लड़ाई के मैदान में अचानक अराजकता फैल गई और आजमशाह के सेनापति आत्म समर्पण करके बहादुरशाह की ओर जाने लगे। अ

त: चूड़ामन आजमशाह के शिविर पर टूट पड़ा और उसमें लूटमार करने लगा। थोड़ी देर में बहादुरशाह के तम्बू में आग लग गई और वहाँ भी अफरा-तफरी मच गई। इस पर चूड़ामन आजमशाह के शिविर को छोड़कर बहादुरशाह के शिविर पर टूट पड़ा और पराजित छावनी को बुरी तरह लूटा। इस प्रकार चूड़ामन ने दोनों पक्षों की हार-जीत से कोई मतलब न रखकर, उन्हें निष्पक्ष होकर लूटा। इस युद्ध में बहादुरशाह

की जीत हुई। अत: चूड़ामन ने बहादुरशाह से मित्रता कर ली। बादशाह ने चूड़ामन को 1500 जात और 500 सवारों का मनसबदार बनाया। इस प्रकार चूड़ामन लुटेरा न रहकर मुगलों का मनसबदार बन गया।

फरूंखसीयर

ई.1712 में जहांदारशाह मुगलों के तख्त पर बैठा। उसने चूड़ामन की मनसब समाप्त कर दी किंतु जब फर्रूखसीयर सिर उठाने लगा तो जहांदारशाह ने चूड़ामन को बुलाकर फिर से पुराना मनसब सौंप दिया। जब जहांदारशाह और फर्रूखसीयर की सेनाएं लड़ रही थीं तब चूड़ामन, जहांदारशाह की ओर से लड़ने के लिए युद्ध के मैदान में पहुंचा। जैसे ही जहांदारशाह की सेना भारी पड़ने लगी, चूड़ामन और उसके सैनिक लड़ाई करना छोड़कर फर्रूखसीयर का शिविर लूटने में लग गए। इससे फर्रूखसीयर को मौका मिल गया और उसने जहांदारशाह को परास्त कर दिया।

जब फर्रूखसीयर दिल्ली के तख्त पर बैठा तब चूड़ामन उसके दरबार में उपस्थित हुआ ओर बादशाह को इक्कीस मोहरें तथा दो घोड़े प्रदान किए। बादशाह फर्रूखसीयर ने उसे राव बहादुर की उपाधि दी, एक हाथी दिया तथा मनसब का दर्जा बढ़ा दिया। साथ ही दिल्ली से चम्बल तक की राहदारी भी उसे सौंपी गई। चूड़ामन के राहदार के पद पर टिप्पणी करते हुए कानूनगो ने लिखा है- 'एक भेड़िये को भेड़ों के झुण्ड का रक्षक बना दिया गया।'

चूड़ामन ने इतनी कठोरता से राहदारी वसूलनी आरम्भ की कि चारों ओर हा-हाकार मच गया। उसने थूण परगने के प्रत्येक मनसबदार तथा जागीरदार से दो रुपया प्रति मनसबदार तथा जमींदार से नजराना वसूलना आरम्भ कर दिया। अब वह जागीरदारों के मामलों में बेखटके हस्तक्षेप करने लगा। उसकी टोलियों ने मथुरा और सीकरी के परगनों के गांवों को लूटना आरम्भ कर दिया। चूड़ामन ने गुप्त रूप से अस्त्र-शस्त्र बनवाये और गढ़ियों को मजबूत कर लिया।

सवाई जयसिंह का मुगल-जाट राजनीति में प्रवेश

सवाई जयसिंह

जब चूड़ामन का आतंक बढ़ गया तब बादशाह फर्रूखसीयर ने जयपुर नरेश सवाई जयसिंह को विपुल धन एवं विशाल सेना देकर चूड़ामन के विरुद्ध भेजा। चूड़ामन बीस वर्ष की खाद्य सामग्री एकत्र करके थूण के दुर्ग में बंद हो गया। जब सवाई जयसिंह, कोटा के महाराव भीमसिंह तथा बूंदी के महाराव बुधसिंह को लेकर थूण के निकट पहुंचा तो चूड़ामन में दुर्ग में स्थित व्यापारियों से कहा कि वे अपना धन एवं सामग्री किले में छोड़कर किले से बाहर चले जाएं। यदि युद्ध के बाद वह जीता तो उनके सामान की भरपाई कर देगा। व्यापारी बुरी तरह लुट-पिटकर किले से बाहर निकल गए।

कच्छवाहा राजा सवाई जयसिंह, हाड़ा राजा महाराव भीमसिंह तथा हाड़ा राजा महाराव बुधसिंह की सेनाएं सात माह तक थूण का दुर्ग घेरे रहीं किंतु चूड़ामन को किले से बाहर नहीं निकाल सकीं। इस पर मुगल साम्राज्य की पूरी ताकत थूण के विरुद्ध झौंक दी गई तथा थूण के चारों ओर का जंगल काटकर साफ कर दिया गया। इस प्रकार दो वर्ष बीत गए और इस अभियान पर मुगल बादशाह के दो करोड़ रुपये खर्च हो गए। अंत में ई.1718 में दोनों पक्षों (जाटों और मुगलों) में समझौता हुआ। इस समझौते से महारा जयसिंह को दूर रखा गया। इस समझौते के अनुसार चूड़ामन को क्षमा कर दिया गया और उसे अनी पत्नी, पुत्र तथा भतीजों सहित मुगल दरबार में उपस्थित होने के लिए कहा गया। डीग तथा थूण के किलों को नष्ट करने की आज्ञा दी गई और चूड़ामन को मुगलों की नौकरी में रख लिया गया।

जब कुछ समय बाद फर्रूखसीयर को गद्दी से उतारा गया तो चूड़ामन ने सैयद बंधुओं का साथ दिया। जब सैयद बंधुओं ने बादशाह का महल घेर लिया तब किले तथा महल की सारी चाबियां चूड़ामन ने ले लीं ओर बादशाह को अंधा करके कैद में डाल दिया गया। फर्रूखसीयर के बाद रफीउद्दरजात को तख्त पर बैठाया गया। इस पर शहजादे नेकूसीयर ने विद्रोह कर दिया। इस पर चूड़ामन नेकूसीयर के पास

गया और उसने गंगाजल हाथ में उठाकर कसम खाई कि नेकूसीयर को सुरक्षित रूप से जयपुर नरेश के राज्य में पहुंचा देगा। नेकूसीयर पचास लाख रुपये तथा अपने भतीजे मिर्जा असगरी को साथ लेकर चूड़ामन के साथ चल पड़ा। चूड़ामन ने नेकूसीयर को तो रफीउद्दरजात को सौंप दिया तथा रुपये अपने पास रख लिए।

इस प्रकार चूड़ामन ने अन्य कई अवसरों पर भी बहुत से व्यक्तियों के साथ विश्वासघात किया तथा उन्हें लूट-खसोट कर दुर्भाग्य के हवाले कर दिया। उसने जाटों के विख्यात नेता एवं अपने भतीजे बदनसिंह को बंदी बना लिया। चूड़ामन के इस कुकृत्य से समस्त जाट, चूड़ामन से नाराज हो गए और वे चूड़ामन का साथ छोड़कर बदनसिंह के साथ हो लिए। चूड़ामन के लड़के चूड़ामन से भी अधिक धूर्त निकले। उसके पुत्र मोहकमसिंह ने अपने किसी सम्बन्धी की काफी बड़ी सम्पत्ति पर अधिकार कर लिया। इस सम्पत्ति में चूड़ामन के दूसरे पुत्र जुलकरण ने भी हिस्सा मांगा। इस बात पर दोनों भाइयों में झगड़ा हो गया तथा दोनों एक दूसरे को मारने के लिए तैयार हो गए। इस पर चूड़ामन ने मोहकमसिंह से कहा कि वह जुलकरण को कुछ सम्पत्ति दे दे। इस पर मोहकमसिंह चूड़ामन को भी मारने के लिए तैयार हो गया। इस पर चूड़ामन ने दुःखी होकर जहर खा लिया।

मोहकमसिंह का नेतृत्व

चूड़ामन के मरते ही मोहकमसिंह ने स्वयं को जाटों का नेता घोषित कर दिया और स्वर्गीय ब्रजराज के पुत्र बदनसिंह को बंदी बनाकर खोह नामक स्थान पर कारागार में डाल दिया। बाद में जाटों ने मोहकमसिंह के गुरु माखनदास बैरागी से कहकर बदनसिंह को छुड़वाया। बदनसिंह जयपुर नरेश सवाई जयसिंह के पास चला गया। मोहकमसिंह ने मुगल बादशाह को भी अपने विरुद्ध कर लिया। इससे जयसिंह ने मोहकमसिंह को थूण के किले में जा घेरा। मोहकमसिंह प्रबल शत्रु को सम्मुख आया देखकर स्वयं ही गढ़ी में बारूदी सुरंगें बिछाकर और उनमें पलीता दिखाकर गढ़ से भाग गया। बदनसिंह के माध्यम से जयसिंह को इस बात का पता लग गया। अतः महाराजा सवाई जयसिंह, थूण गढ़ से दूर चला गया और उसके प्राण बच गए।

❑❑❑

जाट राज्य की स्थापना और महाराजा सवाई जयसिंह

जाट राज्य की स्थापना

आगरा एवं मथुरा के निकट जाट राज्य की स्थापना में जयपुर नरेश महाराजा सवाई जयसिंह का बहुत बड़ा योगदान था। वस्तुतः इस राज्य का वास्तविक वास्तुकार जयसिंह ही था। उसने थूण दुर्ग पर विजय प्राप्त करके 2 दिसम्बर 1722 के दिन बदनसिंह के सिर पर सरदारी की पाग बंधी, राजाओं की भांति उसका तिलक किया और पांच परिधानों के साथ पचरंगी निसान देकर ठाकुर के पद से सम्मानित किया। इस प्रकार बदनसिंह कच्छवाहों का खिदमती जागीरदार बन गया। बदनसिंह को डीग का राजा घोषित किया गया तथा ब्रजराज की उपाधि दी गई। उसकी तरफ से दिल्ली के बादशाह को दिया जाने वाला वार्षिक कर निर्धारित कर दिया गया। इस प्रकार 1722 ई. में भरतपुर नामक नवीन रियासत का गठन हुआ। बदनसिंह अपने पूर्ववर्ती जाट नेताओं से चरित्र एवं स्वभाव में बिल्कुल भिन्न था। वह विनम्र तथा विश्वसनीय था इस कारण वह एक बड़े राज्य की स्थापना कर सका तथा राजा का पद पा सका। उसने अपनी राजधानी डीग में अनेक भवन, पक्का दुर्ग तथा परकोटे का निर्माण करवाया। उसने डीग, कुम्हेर, भरतपुर तथा वैर में किले बनवाये। उसने अपने राज्य को अस्सी लाख रुपये वार्षिक जमा के क्षेत्र तक पहुंचा दिया। उसने जाट, डूंग एवं पालों के सरदारों की कौमी एकता परिषद् का गठन किया तथा उनकी सहायता से शासन करने लगा। उसने अपने दरबार तथा अपनी सेना का गठन मुगल पद्धति के अनुसार किया।

राजकुमार सूरजमल का जन्म

कुछ इतिहासकार सूरजमल को बदनसिंह तथा उसकी रानी देवकी का पुत्र मानते हैं जो कामा की रहने वाली थी। जबकि कुछ अन्य इतिहासकार सूरजमल को, सूरजमल के भाई रूपसिंह की विधवा का पुत्र मानते हैं जो रूपसिंह की मृत्यु के बाद, बदनसिंह

के महल में आ गई थी तथा बदनसिंह ने उससे धरेजना कर लिया था। सूरजमल का जन्म कब हुआ इसकी निश्चित तिथि नहीं मिलती है। फिर भी माना जाता है कि महाराजा सूरजमल का जन्म फरवरी 1707 में हुआ। वह प्रतिभावान बालक था।

सवाई जयसिंह से निकटता

जब सूरजमल 10 वर्ष का हुआ तो उसने निगाहदस्त फौज एवं भूमि-विजय के अभियानों में भाग लेना आरम्भ कर दिया था। 20 मार्च 1721 को जब वह केवल 14 वर्ष का था वह दिल्ली के अधिकारियों से वार्ता के लिए अपने मामा भज्जू के साथ दिल्ली गया। वहाँ उसने काठेड़ के वकील चिंतामणि जाट तथा अन्य जाट जमींदारों के साथ अमेर नरेश जयसिंह से भेंट की तथा महाराजा के समक्ष अपने पिता का पक्ष प्रस्तुत किया। जयसिंह ने सूरजमल की प्रतिभा से प्रसन्न होकर उसे जड़ाऊ कलंगी, एक घोड़ा, एक लगाम तथा पाग के साथ सिरोपाव भी प्रदान किया। ईस्वी 1723 में महाराजा जयसिंह ने राजा बदनसिंह को मारवाड़ नरेश अजीतसिंह के विरुद्ध सेना भेजने के आदेश दिए। इस पर बदनसिंह ने जाटों की एक सेना अजमेर भेजी। राजकुमार सूरजमल को इस सेना के साथ युद्ध अभियान पर भेजा गया। जाटों की इस सेना ने कच्छवाहों के साथ मिलकर महाराजा अजीतसिंह के विरुद्ध उल्लेखनीय सफलता अर्जित की। इस पर जयसिंह ने प्रसन्न होकर 21 जनवरी 1724 को अन्य जाट योद्धाओं के साथ सूरजमल को भी सिरोपाव देवकर सम्मानित किया।

ईस्वी 1729 में आम्बेर नरेश सवाई जयसिंह उदयपुर गया। उसके साथ राजकुमार सूरजमल, ठाकुर तेजसिंह सगौरिया तथा फौंदाराम का भतीजा बालकराम आदि भी अपनी-अपनी सेना लेकर उदयपुर गए। महाराणा ने अपने भांजे माधोसिंह को रामपुरा परगने का पट्टा दिया। माधोसिंह महाराजा जयसिंह का पुत्र था जिसका जन्म उदयपुर के महाराणा की बहिन से हुआ था। महाराजा जयसिंह ने कच्छवाहों एवं जाटों को रामपुरा कस्बे पर अधिकार करने का दायित्व सौंपा। रामपुरा के चंद्रावत ठाकुरों ने रामपुरा कच्छवाहों को समर्पित करने से मना कर दिया। इस कारण कच्छवाहों एवं जाटों को चंद्रावतों से सशस्त्र युद्ध करना पड़ा। इस युद्ध में कच्छवाहे एवं जाट विजयी रहे। महाराजा ने राजकुमार सूरजमल की वीरता से प्रसन्न होकर कुकड़ेसुर नामक स्थान पर सूरजमल का सम्मान किया। इस घटना के बाद सूरजमल सवाई जयसिंह का विश्वासपात्र बन गया।

खेमकरन सोगरिया की हत्या

सोगरिया डूंग का जमींदार खेमकरण जाट राजा बदनसिंह का विरोधी था। कहते हैं कि उसमें दस अश्वों की शक्ति थी और वह 100 किलो गेहूं लेकर अपनी गढ़ी पर चढ़ जाता था तथा वह अपने हाथ में एक कटार लेकर बाघ से भिड़ जाता था। एक बार दिल्ली दरबार में भी उसने अपनी इस शक्ति का प्रदर्शन किया था। खेमकरण ने बाणगंगा तथा रूपारेल नदियों के तट पर सघटन जंगलों के बीच अपनी एक गढ़ी बना ली थी जिसे वह फतहगढ़ी कहता था। हालांकि वह भी महाराजा जयसिंह का विश्वासपात्र था किंतु जब थूण अभियान में बदनसिंह ने जयसिंह के प्राणों की रक्षा की थी तब से बदनसिंह जयसिंह के अधिक निकट आ गया था। जब खेमकरण ने मुगल बादशाह को मनसबदारी की रकम चुकाने से मना कर दिया तो राजा बदनसिंह को यह दायित्व सौंपा गया कि वह खेमकरण को समाप्त कर दे। अत: बदनसिंह के आदेश पर सूरजमल ने फतहगढ़ी पर आक्रमण कर दिया। खेमकरण को गढ़ी खाली करके अडीग के फौजदार कुंतल के पास भाग जाना पड़ा। सूरजमल ने फतहगढ़ी पर अधिकार कर लिया। सूरजमल ने उसी फौजदार फौंदाराम से खेमकरण सोगरिया को भोजन में जहर दिलवा दिया। इससे खेमकरण की मृत्यु हो गई। इसके बाद सूरजमल फौंदाराम को अपने साथ लेकर जयपुर गया तथा महाराजा जयसिंह से फौंदाराम की अनुशंसा की। जयसिंह ने फौंदाराम को मथुरा परगने के कई गांव इजारे पर दिए।

मालवा में मराठों से युद्ध

मुगल बादशाह ने ईस्वी 1729 में जयपुर नरेश सवाई जयसिंह को मालवा का सूबेदार नियुक्त किया किंतु मराठे मालवा को खाली नहीं कर रहे थे। इस पर जयसिंह तथा मराठों के बीच कई युद्ध हुए। नवम्बर 1729 में सूरजमल को जयसिंह की सहायता के लिए मालवा जाना पड़ा। एक बार कच्छवाहों एवं जाटों की सेना ने माण्डवगढ़ दुर्ग पर आक्रमण किया जिस पर मराठों का अधिकार था। इस युद्ध में सूरजमल ने हाथ में तलवार लेकर अद्भुत शौर्य का प्रदर्शन किया तथा कच्छवाहों को विजय दिलवाई। मराठे माण्डवगढ़ का दुर्ग छोड़कर भाग गए। इस विजय के बाद 2 मार्च 1730 को महाराजा जयसिंह ने सूरजमल को तुर्ग सहित सिरोपाव भेंट कर सूरजमल का सम्मान किया। इसी प्रकार अप्रेल 1730 में कच्छवाहों एवं मराठों से हुए युद्ध में भी सूरजमल के जाटों ने अतुल्य पराक्रम का प्रदर्शन किया। इस जीत के उपलक्ष्य में जयसिंह ने

सूरजमल को एक जड़ाउ पहुंची, सिरोपाव जामा, जरी का कुरता, गुजराती साफा, जरी का झण्डा आदि देकर उसका सम्मान किया।

दिसम्बर 1730 में बादशाह ने जयसिंह को तीसरी बार मालवा की सूबेदारी सौंपी। इस पर महाराजा जयसिंह अपने विश्वस्त सेनापतियों को अपने साथ लेकर मालवा पहुंचा। राजा बदनसिंह की ओर से सूरजमल को इस अभियान पर भेजा गया। जब जयसिंह का मालवा पर सफलता पूर्वक अधिकार हो गया तब 10 जनवरी 1733 मो जयसिंह ने सूरजमल को वसन्ती पोशाक, हजार तह का पेंच साफा, कलाबतू चौरा, तुर्रा तथा रंगीन झण्डा देकर सम्मानित किया गया। कुछ समय पश्चात राणोजी सिंधिया एवं मल्हार राव होलकर ने जयसिंह को मंदसौर के निकट घेर लिया। उस समय भी सूरजमल के जाटों ने वीरता का प्रदर्शन किया जिससे जयसिंह ने पुनः सूरजमल को सम्मानित किया तथा सूरजमल के वकील रूपराम कटारा को अपना तीर्थ पुरोहित स्वीकार किया। इस प्रकार सूरजमल की राजनीतिक स्थिति दिन पर दिन बढ़ती ही गई।

सूरजमल को कुंवर पद की प्राप्ति

राजा बदनसिंह के कई पुत्र थे जिनमें से कुछ पुत्र सूरजमल से बड़े थे किंतु सूरजमल द्वारा प्राप्त की जा रही विजयों से प्रभावित होकर राजा बदनसिंह ने ईस्वी 1732 में सूरजमल को कुंवर की उपाधि प्रदान की।

डीग, कुम्हेर तथा भरतपुर में नए दुर्गों का निर्माण

डीग कस्बा, आगरा तथा मथुरा के मुख्य मार्ग पर स्थित था। इस कारण डीग पर शत्रुओं के आक्रमण होते ही रहते थे। इन आक्रमणों का प्रतिरोध करने में जाटों को बहुत शक्ति लगानी पड़ती थी। इस कारण बदनसिंह ने ई.1730 में डीग कस्बे के दक्षिण में 20 फुट चौड़ी दीवारों से युक्त एक सुदृढ़ दुर्ग बनवाया। इसी वर्ष कुम्हेर में भी एक दुर्ग बनाया गया। ई.1732 में सूरजमल ने भरतपुर नगर के दक्षिणी हिस्से में लोहागढ़ नामक दुर्ग बनवाना आरम्भ किया। इस दुर्ग का निर्माण आठ साल में पूरा हुआ। राजा बदनसिंह ने ई.1738 में वैर में एक दुर्ग बनवाया। उसने सूरजमल को कुम्हेर तथा प्रतापसिंह को वैर का दुर्ग प्रदान किया ताकि दोनों भाइयों में उत्तराधिकार को लेकर संघर्ष न हो।

पेशवा बाजीराव को जाटों का जवाब

राजा बनने के बाद बदनसिंह प्रति वर्ष राजा जयसिंह से मिलने उसकी राजधानी जाता था जहाँ उसका, राजाओं की तरह स्वागत होता था। वह जिस स्थान पर ठहरता था, उस स्थान को बदनपुरा नाम दे दिया गया। ई.1736 में पेशवा बाजीराव जयपुर आया। पेशवा के सम्मान में महाराजा जयसिंह ने जयपुर में एक भव्य दरबार का आयोजन किया। इस दरबार में भरतपुर रियासत के राजकुमार सूरजमल को भेजा गया। इस दौरान सूरजमल का परिचय पेशवा बाजीराव से करवाया गया किंतु बाजीराव ने सूरजमल के कुल को लेकर कुछ अपमान जनक शब्द कहे। सूरजमल वीर होने के साथ-साथ विनम्र भी था इसलिए वह कुछ नहीं बोला किंतु उनके साथ उपस्थित हलेना के ठाकुर शार्दूलसिंह ने पेशवा को स्मरण कराया कि क्षत्रपति शिवाजी तो इससे भी निम्न कुल के थे। डॉ. नत्थनसिंह ने इस घटना का उल्लेख थोड़े अंतर के साथ किया है।

नादिरशाह का आक्रमण

ई.1739 में दिल्ली पर फारस के शाह नादिरशाह ने आक्रमण किया जिससे मुगल साम्राज्य की ताकत बहुत कमजोर हो गई और जाटों को अपना राज्य जमाने में अधिक कठिनाई नहीं आई।

गंगवाना युद्ध में सूरजमल की भूमिका

मई 1741 में नागौर के राजा बख्तसिंह राठौड़ ने जयपुर राज्य पर आक्रमण किया। जयपुर नरेश सवाई जयसिंह ने शाहपुर के हाड़ा राजपूत उम्मेदसिंह, करौली के यादव राजा गोपालसिंह, जाटों के राजकुमार सूरजमल की सेना सहित लगभग एक लाख सैनिकों की सेना लेकर अजमेर के निकट गंगवाना में राठौड़ों का मार्ग रोका। बख्तसिंह अपने युग के वीर राजाओं में से एक था। इस सेना में तीन मुगल़ सेनापति भी जयसिंह के साथ थे। वह कच्छवाहों की सेना पर ऐसा टूट पड़ा जैसे भेड़िया भेड़-बकरियों के झुण्ड पर टूट पड़ता है। स्वयं बखतसिंह युद्ध के मैदान में दो बार कच्छवाहों की सेना के आर-पार घूम गया। इससे कच्छवाहों की सेना का मनोबल टूट गया। जयसिंह के मुगल सेनापति राठौड़ों का ऐसा भयानक रूप देखकर मैदान छोड़कर भाग खड़े हुए तथा जयसिंह की सेना कई मील पीछे खिसक गई। ऐसी स्थिति

में सूरजमल के जाटों ने मोर्चा संभाला तथा राठौड़ों की प्रगति को रोक दिया। इस कारण जयसिंह यह युद्ध हारते-हारते रह गया।[1]

जयसिंह के अश्वमेध यज्ञ में सूरजमल

जुलाई 1742 में जयपुर नरेश सवाई जयसिंह ने अश्वमेध यज्ञ का आयोजन किया। राजा बदनसिंह ने राजकुमार सूरजमल को इस यज्ञ में अपने प्रतिनिधि के रूप में भेजा। जब यज्ञ का समापन हुआ तो महाराजा जयसिंह ने अपने दो राजकुमारों ईश्वरीसिंह तथा माधोसिंह को छोड़कर राजकुमार सूरजमल को अपने पुत्र के रूप में आशीर्वाद दिया। इतिहासकारों का मानना है कि ईश्वरीसिंह महाराजा जयसिंह का बड़ा पुत्र था इसलिए राज्य के उत्तराधिकार पर ईश्वरीसिंह का अधिकार था जबकि जयपुर और मेवाड़ के बीच ईस्वी 1708 में हुई संधि के अनुसार मेवाड़ की राजकुमारी के पेट से उत्पन्न माधोसिंह को उत्तराधिकार मिलना था। अत: महाराजा सवाई जयसिंह ने इस विवाद से बचने के लिए यज्ञ के अंत में सूरजमल को अपने पुत्र के रूप में आर्शीवाद देकर अश्वमेध सम्पन्न किया।

ईश्वरीसिंह को जयपुर नरेश बनाने में भूमिका

21 सितम्बर 1743 को जयपुर नरेश सवाई जयसिंह का निधन हो गया। उसने जनवरी 1700 से सितम्बर 1743 तक लगभग साढ़े तेतालीस वर्ष आम्बेर रियासत पर शासन किया जिसे उसके जीवनकाल में जयपुर राज्य कहा जाने लगा था। सवाई जयसिंह ने जीवन भर राजा बदनसिंह एवं उसके पुत्र सूरजमल को विशेष प्रेम दिया तथा सूरजमल को अपने पुत्र की तरह रखा। सूरजमल भी जयसिंह को अपने पिता की तरह देखता था। जयसिंह के अपने दो पुत्र थे जिनमें से से ईश्वरी सिंह बड़ा था किंतु जयसिंह ने ई.1708 में मेवाड़ के महाराणा के साथ एक संधि की थी जिसमें यह तय हुआ था कि मेवाड़ अपनी राजकुमारी का विवाह राजा जयसिंह से करेगा जिसके पेट से उत्पन्न पुत्र जयपुर का अगला राजा होगा।

जयसिंह ने अपना राज्य मुगलों की दाढ़ में से निकालने के लिए मेवाड़ के साथ यह संधि की थी किंतु अपना राज्य फिर से प्राप्त करने के पश्चात् जयसिंह

1 उपेन्द्र नाथ शर्मा, जाटों का नवीन इतिहास, भाग-2, पृ. 140; नत्थनसिंह, तथ्यों के इतिहास में जाट-इतिहास, पृ. 272.

की प्राथमिकताएं बदल गईं और वह अपने बड़े पुत्र ईश्वरीसिंह को अपना उत्तराधिकारी बनाना चाहता था। जब जयसिंह का निधन हो गया तो ईश्वरीसिंह तथा माधोसिंह के बीच संघर्ष हुआ। इस संघर्ष में गुहिलों एवं मराठों ने मोधोसिंह का पक्ष लिया किंतु महाराजा सूरजमल ने महाराजा जयसिंह की अंतिम इच्छा को देखते हुए ईश्वरीसिंह का पक्ष लिया। इस कारण ईश्वरीसिंह जयपुर का राजा बनने में सफल हो गया। इस पर मराठों एवं मेवाड़ियों ने मिलकर जयपुर पर आक्रमण कर दिया।

इस पर ईश्वरीसिंह ने सूरजमल को अपनी सहायता के लिए बुलाया। सूरजमल 10 हजार घुड़सवारों, 2000 पैदल सैनिकों एवं 2000 बर्छेधारी सैनिकों को लेकर ईश्वरीसिंह की सहायता के लिए आया। सूरजमल की सेना में जाट, अहीर, गूजर, मीना तथा मुसलमान सैनिक थे। इस अवसर पर महाराजा सवाई ईश्वरीसिंह ने राजा सूरजमल को अपने बराबर का सम्मान दिया। 21 अगस्त 1748 को बगरू के पास मराठों एवं मेवाड़ियों की संयुक्त सेना और कच्छवाहों एवं जाटों की संयुक्त सेनाओं के बीच युद्ध आरम्भ हुआ।

युद्ध के आरम्भ में सूरजमल की सेना को जयपुर की सेना के मध्य में रखा गया किंतु बाद में सूरजमल को हरावल का दायित्व सौंपा गया। तीन दिन चले इस युद्ध में सूरजमल ने अद्‌भुत पराक्रम का परिचय दिया तथा उसने अपनी तलवार से पचास शत्रु सैनिकों को अकेले ही मार डाला तथा 160 शत्रु सैनिकों को घायल किया। इस कारण सूरजमल की ख्याति मराठों और राजपूतों में लड़ाका वीर के रूप में हो गई। सूरजमल ने मराठा सरदार तांतिया की सेना में कसकर मार लगाई तथा मराठों की सेना को पीछे धकेल दिया जिससे ईश्वरीसिंह के पक्ष की विजय हो गई। सूरजमल द्वारा प्रदर्शित जीत के उपलक्ष्य में ईश्वरीसिंह ने सूरजमल तथा उसके साथियों को बारह सिरोपाव देकर सम्मानित किया तथा मुगल बादशाह को पत्र लिखकर अनुशंसा की कि सूरजमल को राजा की उपाधि दी जाए।

❑❑❑

मुगल-रूहेला राजनीति में महाराजा सूरजमल

बीस वर्ष तक राज्य का संचालन करने के बाद अर्थात् 1742 ई. के लगभग, राजा बदनसिंह की आंखों की ज्योति घटने लगी। अत: उसने राज्य विस्तार, सैन्य संगठन तथा राजनैतिक वार्त्ताओं के अधिकार अपने ज्येष्ठ पुत्र सूरजमल को सौंप दिए तथा स्वयं कौमी परिषद के साथ बैठकर राज्य का आन्तरिक प्रबंध करने लगा। ई.1745 में राजकुमार प्रतापसिंह की अचानक मृत्यु हो गई तथा राजा बदनसिंह राज्य कार्य से पूरी तरह विरक्त हो गया। इस प्रकार ई.1745 में सूरजमल राज्य का एकमात्र वास्तविक शासक बन गया किंतु पिता के जीवित रहते उसने स्वयं को राजा घोषित नहीं किया।

चन्दौस युद्ध में फतहअली खां की सहायता

ई.1745 में राजकुमार सूरजमल दिल्ली के बादशाह मुहम्मदशाह की तरफ से, अली मुहम्मद रुहेले के विरुद्ध जाटों की एक सेना लेकर गया। इस लड़ाई में सूरजमल

ने अपनी बहादुरी की धाक जमा ली। अगले वर्ष ई.1746 में सूरजमल ने असद खाननजाद के विरुद्ध सूबेदार फतहअली खां की मदद की और फतहअली खां अपनी जागीर वापस लेने में सफल रहा। सूरजमल ने चन्दौस में असद की सेना को हरा दिया। असद युद्ध में मारा गया। चन्दौस की लड़ाई से सूरजमल बहुत सा धन लेकर लौटा। वर्तमान में चन्दौस, अलीगढ़ जिले में स्थित है।

सफदरजंग से मित्रता

ई.1748 में दिल्ली के बादशाह मुहम्मदशाह रंगीला की मृत्यु हो गई। उस समय उसका पुत्र अहमदशाह बहादुर पानीपत में था। उन दिनों नवाब सफदरजंग उसके साथ था। सफदरजंग ने अहमदशाह को नया बादशाह घोषित कर दिया। अहमदशाह ने सफदरजंग को अपना वजीर घोषित कर दिया। उस समय मुहम्मदशाह का वजीर निजामुलमुल्क जीवित था। इसलिए नए वजीर सफदरजंग ने सूरजमल से सहयोग मांगा। सूरजमल ने आरम्भ में तो उसका सहयोग किया किंतु जब फरीदाबाद के चौधरी चरणदास और उसका पुत्र बलरामसिंह फरीदाबाद के मुगल अधिकारी मुर्तजा को धता बताकर सूरजमल की शरण में आ गए तो सूरजमल ने उन दोनों को अभय प्रदान किया तथा मुर्तजा खां को मार कर फरीदाबाद परगने पर अधिकार जमा लिया। नवाब सफरदरजंग ने सूरजमल को पत्र लिखा कि वह फरीदाबाद से अपना कब्जा हटा ले किंतु सूरजमल ने ऐसा करने से मना कर दिया। इस पर सफदरजंग सेना लेकर सूरजमल पर चढ़ आया। सूरजमल भी अपनी सेना लेकर तैयार हो गया। इसी समय सफदरजंग को सूचना मिली कि रूहेलों ने उसके सूबे अवध पर हमला बोल दिया है। इसलिए सफदरजंग अवध की तरफ चला गया और उसने सूरजमल से संधि की बात चलाई। इस संधि के बाद सफदरजंग एवं सूरजमल में फिर से मित्रता हो गई। राजा सूरजमल तथा उसके बख्शी को बादशाह अहमदशाह की ओर से खिलअतें प्रदान की गईं।

रूहेलों के विरुद्ध पहला अभियान

इस संधि के कुछ समय बाद रूहलों के नेता अहमदशाह बंगश ने सफदरजंग के प्रतिनिधि नवलराय को मार डाला और उसकी सेना को खुदागंज से बाहर धकेल दिया। रूहलों के हाथ बहुत सारा धन लगा। इस पर सफदरजंग ने रूहेलों के विरुद्ध अभियान किया। इस अभियान में सूरजमल ने सफदरजंग का साथ दिया। उसने अहमद

बंगश की राजधानी फर्रूखाबाद पर अधिकार कर लिया। रूहेलों ने सूरजमल से मित्रता करने का प्रस्ताव भिजवाया किंतु सूरजमल ने उनके दूत को यह कहकर लौटा दिया कि मैं सफदरजंग को वचन दे चुका हूँ। सफदरजंग और रूहेलों के बीच हुए युद्ध में जाटों ने सफदरजंग के प्राणों की रक्षा की किंतु इस युद्ध का अंतिम परिणाम नहीं निकला। इस प्रकार सूरजमल ने जाट राजनीति को विश्वसनीय और पक्की बनाया। इस मामले में वह अपने पूर्ववर्ती जाट नेता चूड़ामन से बिल्कुल उलट था।

मीर बख्शी पर विजय

20 जून 1749 को जोधपुर नरेश महाराजा अभयसिंह की मृत्यु हो गई। जोधपुर राज्य पर अधिकार को लेकर अभयसिंह के पुत्र रामसिंह तथा अभयसिंह के भाई बख्तसिंह में में युद्ध ठन गया। मुगल बादशाह अहमदशाह ने बख्तसिंह का पक्ष लिया तथा मीर बख्शी सलाबतजंग को 18 हजार सैनिक देकर बख्तसिंह की सहायता के लिए भेजा। मीर बख्शी ने निश्चय किया कि लगे हाथों जाटों पर धावा बोलकर उनसे आगरा और मथुरा के उन सूबों को फिर से छीन ले जो जाटों ने हाल ही के दिनों में हथिया लिए थे। उसने नीमराना के दुर्ग पर अधिकार कर लिया जो जाटों के अधिकार में था। इस पर सूरजमल ने अपना दूत मीर बख्शी से वार्त्ता करने के लिए भेजा किंतु मीर बख्शी ने सूरजमल के दूत से बात नहीं की। जब मीर बख्शी सराय सोमाचंद नामक स्थान पर पहुंचा तब सूरजमल ने 6000 द्रुतगामी सेना लेकर मुगल सेना को घेर लिया। इस पर मीर बख्शी ने दिल्ली से कुमुक मंगवाई। जब यह कुमुक आई तो जाट उसका मार्ग रोककर उस पर बंदूकों से गोलियां बरसाने लगे। इस लड़ाई में जाटों ने बड़ी संख्या में मुगल सैनिक मार दिये। विवश होकर मुगल सेनापति अली रुस्तम खां तथा हाकिम खां भी मारे गए। सलाबत खां ने सूरजमल के पास संधि का प्रस्ताव भिजवाया। सूरजमल ने इस प्रस्ताव को स्वीकार कर लिया। इस संधि की शर्तें इस प्रकार थीं-

(1.) बादशाह की सरकार पीपल के वृक्षों को न कटवाने का वचन देती है।
(2.) बादशाह की सरकार पीपल वृक्ष की पूजा में कोई बाधा नहीं डालेगी।
(3.) बादशाह की सरकार बृज के मंदिरों का अपमान या नुकसान नहीं करेगी।
(4.) राजकुमार सूरजमल अजमेर प्रांत की मालगुजारी के रूप में राजपूतों से पन्द्रह लाख रुपये लेकर शाही खजाने में दे देगा

(5.) मीर बख्शी नारनौल से आगे नहीं बढ़ेगा।

इस सफलता से सूरजमल तथा उसके आदमियों में नया आत्म-विश्वास उत्पन्न हुआ। जाटों की सैनिक सामर्थ्य प्रमाणित हो गई। इस संधि की शर्तों में स्पष्ट रूप से ब्रज मण्डल में भरतपुर के शासकों की उत्कृष्ट स्थिति को मान्यता दे दी गई।

रूहेलों के विरुद्ध दूसरा अभियान

ई.1751 में सफदरजंग ने फिर से रूहेलों के विरुद्ध अभियान किया। इस बार उसने मराठों से प्रतिदिन 25 हजार के व्यय पर तथा जाटों से प्रतिदिन 15 हजार रुपये के व्यय पर सेनाएं प्राप्त कीं। जाटों और मराठों की सम्मिलित सेनाओं ने रूहलों के प्रदेश को तहस-नहस कर दिया।

सूरजमल के सहयोग से प्रसन्न होकर वजीर सफदरजंग ने मुगल बादशाह से अनुशंसा की कि सूरजमल को 3000 जात और 2000 घुड़सवार का मनसब दिया जाए तथा उसके पुत्र रतनसिंह को राव की उपाधि दी जाए। सूरजमल के पुत्र जवाहरसिंह के मनसब में भी वृद्धि की जाए। इसके कुछ दिन बाद सफदरजंग ने बादशाह से अनुशंसा की कि बदनसिंह को महेन्द्र की उपाधि देकर राजा और सूरजमल को राजेन्द्र की उपाधि देकर कुमार बहादुर बनाया जाए। बादशाह ने इस अनुशंसा को स्वीकार कर लिया। भव्य समारोहों में बदनसिंह तथा सूरजमल ने इन उपाधियों को धारण किया।

इसके बाद सूरजमल ने अपना नाम जसवंतसिंह रख लिया किंतु वह इस नाम का उपयोग बहुत कम ही किया करता था। कवि सूदन ने सूरजमल के लिए सुजानसिंह नाम का भी प्रयोग किया है। इसके कुछ दिन बाद बादशाह ने सूरजमल को मथुरा का फौजदार बना दिया। इससे उसे आगरा प्रान्त में यमुना के दोनों ओर के अधिकांश प्रदेशों पर तथा आगरा नगर के आस पास के क्षेत्रों पर अधिकार प्राप्त हो गया। यह सचमुच जाटों का चरम उत्कर्ष था कि वे मथुरा और आगरा के निकटवर्ती क्षेत्रों के शासक बन जाएं।

दिल्ली की लूट

मार्च 1753 में बादशाह अहमदशाह बहादुर ने सफदरजंग को वजीर के पद से हटा दिया। इस पर सफदरजंग ने नाराज होकर विद्रोह कर दिया। उसने अपनी

लेकर दिल्ली का लाल किला घेर लिया तथा सूरजमल को अपनी सहायता के लिए बुलाया। सूरजमल तत्काल एक सेना लेकर अपने मित्र सफदरजंग की सहायता करने के लिए चल पड़ा। मार्ग में उसने अलीगढ़ के निकट चकला कोइल के जागीरदार बहादुरसिंह बड़गूजर पर आक्रमण किया। उस समय बहादुरसिंह, घसीरा के दुर्ग में था।

उसने अन्य कोई उपाय न देखकर अपनी स्त्रियों को मार डाला तथा दुर्ग के द्वार खोल दिये। 23 अप्रेल 1753 को सूरजमल ने समस्त बड़गूजरों को मारकर घसीरा के दुर्ग पर अधिकार किया। इस युद्ध में सूरजमल के 1500 सैनिक मारे गए।

मई 1753 में सूरजमल 15 हजार घुड़सवारों की सेना लेकर दिल्ली पहुंचा। 9 मई से 4 जून के बीच जाटों ने दिल्ली में जमकर लूट मचाई। जाट सैनिकों ने दिल्ली के दरवाजे तक लूट लिए। बहुत बड़ी संख्या में दिल्ली के मकान ढहा दिये। उस काल के इतिहासकारों ने लिखा है कि जाटों की लूटपाट के बाद दिल्ली के निकट बसे हुए उपनगरों, चुरनिया तथा वकीलपुरा आदि में तो कोई दिया ही नहीं दिखता था। तभी से दिल्ली में जाट-गर्दी मुहावरा कहा जाने लगा।[2]

दिल्ली की बादशाहत पर आये इस संकट में सफदरजंग तथा सूरजमल के अतिरिक्त अन्य समस्त शक्तियां बादशाह की ओर हो गईं। सूरजमल को बड़े प्रलोभन एवं धमकियां दी गईं ताकि वह सफदरजंग का साथ छोड़कर बादशाह के साथ आ जाए किंतु सूरजमल अपने मित्र के प्रति वचनबद्ध था और गद्दारी करने को तैयार नहीं था। सूरजमल पर नियंत्रण करने के लिए बादशाह ने मल्हारराव होलकर को दक्कन से बुलवाया किंतु सूरजमल पर उसका भी कोई प्रभाव नहीं पड़ा। इससे पहले कि मराठे दिल्ली पहुंचते, सूरजमल ने दिल्ली के नए वजीर इन्तिजामुद्दौला तथा उसके भतीजे गाजीउद्दीन के बीच फूट डलवा दी।

इस कारण बादशाह को सफदरजंग के समक्ष शांति एवं संधि का प्रस्ताव भेजना पड़ा। ई.1753 के अंतिम महीनों में जयपुर नरेश माधोसिंह दिल्ली पहुंचा। उसने सूरजमल को युद्ध बंद करने के लिए कहा किंतु सूरजमल ने कहा कि जब तक सफदरजंग

---

2 बाद में जब सदाशिव भाऊ ने दिल्ली में लूट मचाई तो भाऊगर्दी का तथा अहमशाह अब्दाली ने लूट मचाई तो शाह-गर्दी का मुहावरा प्रचलित हुआ।

को दुबारा वजीर नहीं बनाया जाएगा तथा सफदरजंग को अवध एवं इलाहाबाद के सूबे वापस नहीं दिए जाएंगे, युद्ध बंद नहीं होगा। बादशाह ने सूरजमल की मांग मान ली तथा युद्ध समाप्त हो गया। इसके बाद सफदरजंग तो अपने सूबों में चला गया किंतु राजा सूरजमल तथा दिल्ली के बादशाह के बीच जो शत्रुता उत्पन्न हुई, उसका दुष्परिणाम आगे चलकर सूरजमल को भोगना पड़ा।

मराठों से सामना

जब सफदरजंग अवध को चला गया तब मराठों की सेना ने मल्हारराव होलकर के पुत्र खांडेराव के नेतृत्व में राजपूताने में पैर रखा। वे सीधे जयपुर रियासत में जा घुसे और वहाँ के राजा माधोसिंह से कर मांगा। माधोसिंह से कर लेकर मराठे भरतपुर रियासत की ओर बढ़े। राजा सूरजमल भरतपुर की रक्षा का भार जवाहरसिंह को सौंपकर स्वयं कुम्हेर के दुर्ग में मोर्चाबंदी करके बैठ गया। यह एक आश्चर्य की ही बात थी कि कुछ दिन पहले रूहलों के विरुद्ध सफदरजंग द्वारा किए गए अभियान में सूरजमल तथा मराठे एक होकर लड़े थे किंतु आज वही मराठे, सूरजमल द्वारा सफदरजंग को दी गई सहायता के लिए सूरजमल को दण्डित करने आ पहुंचे थे। वस्तुतः इसके पीछे मराठों की धन-लिप्सा काम कर रही थी। मराठों को ज्ञात था कि सूरजमल दिल्ली से अथाह खजाना लूट कर लाया है, मराठों को वह खजाना चाहिये था।

सूरजमल ने खांडेराव के समक्ष मित्रता का प्रस्ताव भिजवाया किंतु होलकर के सेनापति रघुनाथराव ने सूरजमल के समक्ष दो करोड़ रुपयों की मांग रखी। सूरजमल के मंत्री रूपराम ने चालीस लाख रुपये देने स्वीकार किए किंतु मल्हारराव होलकर जो उस समय जयपुर में था, ने कहलवाया कि जाटों को चाहिये कि वे दो करोड़ रुपयों से अधिक राशि दें। इस पर नाराज होकर सूरजमल ने मराठों के सेनापति रघुनाथराव को तोप के पांच गोले और थोड़ा सा बारूद भिजवाया और कहलवाया कि या तो चालीस लाख रुपये ले ले या फिर परिणाम भुगतने को तैयार रहे।

इस पर जनवरी 1754 में मराठों ने कुम्हेर को घेर लिया। मुगल सेना भी उनके साथ हो गई। सूरजमल के शत्रुओं की सेना में इस समय 80 हजार सैनिक थे। मराठों ने कुम्हेर के चारों ओर पंद्रह मील के घेरे में समस्त फसलें जलाकर राख कर दीं। कुम्हेर को जाने वाले समस्त रास्तों को बंद कर दिया तथा होडल पर अधिकार कर

लिया। इमादुलमुल्क, खाण्डेराव, रघुनाथराव तथा मल्हारराव की सेनाओं ने सूरजमल को बुरी तरह घेर लिया। मुगलों और मराठों के दुश्मन हो जाने तथा जयपुर के तटस्थ हो जाने के कारण, राजा सूरजमल पूरे उत्तर भारत में अकेला पड़ गया किंतु उसने हिम्मत नहीं हारी। जयपुर नरेश माधोसिंह नहीं चाहता था कि जिस राज्य को उसके पुरखों ने अपने हाथों से स्थापित किया था, उस राज्य को नष्ट करने में वह योगदान करे। दूसरी तरफ वह मराठों को भी नाराज नहीं करना चाहता था। इसलिए उसने एक छोटी सी कच्छवाहा सेना मराठों के साथ भेज दी थी। राजा सूरजमल ने चार माह तक इस सम्मिलित सेना से लोहा लिया।

एक दिन जब खांडेराव दुर्ग के बाहर खुदवाई गई खंदकों का निरीक्षण कर रहा था, दुर्ग के भीतर स्थित तोप से चले एक गोले से खांडेराव मारा गया। उसकी नौ रानियां उसके शव के साथ सती हो गईं। उसकी रानी अहिल्याबाई गर्भवती होने के कारण सती नहीं हो सकी। पुत्र शोक में पागल होकर मल्हारराव ने प्रतिज्ञा की कि वह जाटों का समूल नाश करेगा। अब मराठों ने कुम्हेर पर हो रहे आक्रमणों को भयानक बना दिया। ऐसी स्थिति में सूरजमल की रानी हँसिया ने रूपराम के पुत्र तेजराम कटारिया को सूरजमल की पगड़ी और एक पत्र देकर ग्वालियर के सिंधिया राजा को भेजा। उस समय सिंधिया, होलकर के साथ था। जब सिंधिया को रानी हँसिया का प्रस्ताव मिला तो उसने बदले में अपनी पगड़ी, एक उत्साहवर्द्धक पत्र तथा अपनी कुलदेवी के प्रसाद का एक बिल्वपत्र रानी को भिजवाया। जब हँसिया के पत्रवाहक और सिंधिया के बीच हुए पत्र व्यवहार की जानकारी मल्हारराव को हुई तो उसके हौंसले टूट गए।

जब मराठे, जाटों पर पर्याप्त दबाव नहीं बना पाये तो वजीर इमादुलमुल्क ने दिल्ली से सहायता मंगवाई। बादशाह को लगा कि यदि मराठे, कुम्हेर को तोड़ लेंगे तो जाटों की अपार सम्पत्ति मराठों के हाथ लग जाएगी। इसलिए उसने अतिरिक्त सेना नहीं भिजवाई। इन सब कारणों से मराठों को बाजी अपने हाथ से जाती हुई लगी। उन्होंने सूरजमल से संधि कर ली। सूरजमल ने रूपराम कटारिया के माध्यम से मराठों को आश्वासन दिया कि वह मराठों को तीन साल में तीस लाख रुपये देगा किंतु उसने केवल दो लाख रुपये ही दिये। मराठे अपना घेरा उठाकर दक्कन को चले गए। इस सफलता से सूरजमल की धाक जम गई। मुगल वजीर इमादुलमुल्क अपना सिर धुनता

हुआ दिल्ली चला गया जहाँ उसने बादशाह अहमदशाह की आंखें फोड़कर उसे कैद में डाल दिया और उसकी हत्या करवा दी।

नजीब खां से संधि

मराठों के जाते ही सूरजमल और जवाहरसिंह ने पलवल और बल्लभगढ़ पर अधिकार कर लिया। ये क्षेत्र उस समय मराठों के अधिकार में चल रहे थे। जून 1755 के मुगल सेनापति नजीब खां ने गंगा-यमुना दो-आब के उन क्षेत्रों को वापस लेने के लिए अभियान किया जिन पर सूरजमल ने अधिकार कर लिया था। इस पर सूरजमल ने नजीब खां के पास संधि का प्रस्ताव भिजवाया तथा दोनों पक्षों के बीच संधि हो गई। इस संधि की शर्तें इस प्रकार थीं-

1. अलीगढ़ जिले में जिन क्षेत्रों पर राजा सूरजमल का अधिकार था, वे सूरजमल के पास ही रहेंगे।
2. इन जमीनों पर स्थायी राजस्व छब्बीस लाख रुपये तय हुआ जिनमें से अठारह लाख रुपये उन जागीरों के नगद मुआवजे के कम किए जाने थे, जो अहमदशाह के शासनकाल में खोजा जाविद खां ने सूरजमल के नाम कर दी थीं परंतु उन दिनों की निरंतर अशांति के कारण जिन्हें बाकायदा हस्तान्तरित नहीं किया जा सका था।
3. सूरजमल सिकन्दराबाद के किले और जिले को खाली कर देगा जो मराठों ने उसे दिया था।
4. बाकी आठ लाख रुपयों में से जो कि शाही राजकोष को मिलने थे, सूरजमल दो लाख रुपये डासना-सन्धि पर हस्ताक्षर करते समय और बाकी छः लाख एक साल में चुका देगा।

राजा बदनसिंह का निधन

आंखों की ज्योति खराब हो जाने के कारण बदनसिंह ने राजकार्य सूरजमल पर छोड़ रखा था। जीवन के अन्तिम दिनों में राजा बदनसिंह सहार चला गया जहाँ 7 जून 1756 को उसकी मृत्यु हो गई।

सूरजमल को राज्य की प्राप्ति

यद्यपि सूरजमल विगत 14 वर्षों से भरतपुर राज्य का काम देख रहा था किंतु ई.1756 में राजा बदनसिंह की मृत्यु होने पर सूरजमल विधिवत् भरतपुर का राजा बना। उसे अनेक युद्धों में भाग लेने का तथा लम्बे समय तक राज्य प्रबन्ध करने का अनुभव प्राप्त था। नादिरशाह द्वारा दिल्ली पर आक्रमण किए जाने एवं भारी तबाही मचाने के बाद मुगल साम्राज्य बहुत कमजोर हो गया था। जयपुर राज्य भी ईश्वरीसिंह और माधोसिंह के झगड़े में काफी कमजोर तथा अस्त-व्यस्त हो गया था। सूरजमल ने इन्हीं परिस्थितियों का लाभ उठाया और दिल्ली तथा उसके आस-पास के क्षेत्रों को जमकर लूटा तथा अपने राज्य का विस्तार किया। सूरजमल ने नवोदित भरतपुर राज्य को व्यवस्थित हिन्दू राज्य में बदल दिया।

जवाहरसिंह का विद्रोह

सूरजमल की तीसरी रानी गंगा के दो पुत्र थे- जवाहरसिंह तथा रतनसिंह। जवाहरसिंह क्रोधी तथा उतावले स्वभाव का युवक था। उसे महारानी किशोरी देवी ने गोद ले लिया। राजा बदनसिंह के मरने के बाद सूरजमल ने जवाहरसिंह को डीग का किलेदार नियुक्त किया। साथ ही सूरजमल ने कुछ ऐसे संकेत दिए कि सूरजमल के बाद उसका अन्य पुत्र नाहरसिंह राज्य का उत्तराधिकारी होगा। इस पर जवाहरसिंह ने विद्रोह कर दिया तथा स्वयं को डीग का स्वतंत्र शासक घोषित किया दिया। इस पर सूरजमल ने जवाहरसिंह को समझाने का प्रयास किया किंतु जवाहरसिंह ने सूरजमल की बात मानने से मना कर दिया। इस पर सूरजमल ने जवाहरसिंह के विरुद्ध कार्यवाही करने के लिए सेना भेजी। इस युद्ध में जवाहरसिंह बुरी तरह से घायल हो गया। बंदूक की एक गोली उसके पेट के निचले भाग में लगी तथा आर-पार हो गई। इससे जवाहरसिंह जीवन भर के लिए लंगड़ा हो गया। सम्भवतः महारानी किशोरी देवी ने दोनों के बीच समझौता करवाया तथा सूरजमल ने जवाहरसिंह का क्षमा कर दिया।

❑❑❑

अहमदशाह अब्दाली और महाराजा सूरजमल

ब्रजभूमि पर अहमदशाह अब्दाली का आक्रमण

उस काल में एक तरफ तो बंगाल से अंग्रेज शक्ति पूर्व दिशा से उत्तरी भारत को दबाती हुई चली आ रही थी तथा दूसरी ओर पिण्डारी और मराठे दक्षिण दिशा से से उत्तरी भारत को रौंदने में लगे हुए थे। यह भारतीय इतिहास के मध्यकाल का अवसान था किंतु अफगानिस्तान की ओर सेविगतकईशताब्दियोंसेआरहीमुस्लिमआक्रमणों की आंधी अभी थमी नहीं थी। ई. 1757 में अफगान सरदारअदमदशाहदुर्रानीनेभारतपरचौथाआक्रमण किया। भारत के इतिहास में उसे अहमदशाह अब्दाली के नाम से भी जाना जाता है।

जब दिल्ली की जनता को ज्ञात हुआ कि अहमदशाह अब्दाली दिल्ली पर आक्रमण करने वाला है तो दिल्ली की जनता मुगल बादशाह की राजधानी को छोड़कर अन्य स्थानों पर भाग गई। अधिकतर लोगों ने राजा सूरजमल द्वारा शासित क्षेत्रों में शरण ली। मथुरा पर उन दिनों सूरजमल का अधिकार था। इसलिए दिल्ली की जनता ने बड़ी संख्या में मथुरा में शरण ली। बादशाह ने जाटों और मराठों का सहयोग प्राप्त करने के लिए अपने दूत भिजवाये। सूरजमल ने तिलपत में मुगल सरदारों तथा नजीब खां रूहेला से लम्बी वार्त्ता की। सूरजमल चाहता था कि नजीब खां, रूहेलों, जाटों, राजपूतों और मुगलों की सेना को एकत्रित करके उनका नेतृत्व करे तथा मराठों को नर्बदा के पार जाने के लिए कह दिया जाए किंतु दिल्ली का वजीर इमादुलमुल्क,

सूरजमल के विचारों से सहमत नहीं हुआ। इमादुलमुल्क नहीं चाहता था कि नजीब खां को जाटों तथा रूहेलों का साथ मिल जाए। इसलिए यह वार्त्ता विफल हो गई। इस पर सूरजमल अपने लड़के जवाहरसिंह को दिल्ली में छोड़कर स्वयं भरतपुर लौट गया।

अब्दाली तेज गति से दिल्ली की ओर बढ़ा। उधर नजीब खां, अहमदशाह अब्दाली से मिल गया और 17 जनवरी 1757 की रात्रि में वह यमुना को पार करके अब्दाली के पास चला गया। केवल अंताजी मानकेश्वर इस समय ऐसा वीर था जो अपनी छोटी सी सेना के साथ, अब्दाली का मार्ग रोककर खड़ा हुआ। उसे अब्दाली की सेना ने सरलता से परास्त कर दिया। उसका परिवार भरतपुर में होने के कारण सुरक्षित रहा। नजीब खां और अब्दाली की दोस्ती हुई जानकर वजीर इमादुलमुल्क ने अपने शत्रु सूरजमल से संधि कर ली और अपने परिवार को डीग भेज दिया। बादशाह आलमगीर द्वितीय ने अब्दाली के समक्ष समर्पण कर दिया। अब्दाली ने उससे एक करोड़ रुपये लिए तथा उसे हिन्दुस्तान का बादशाह और नजीब को उसके दरबार में अपना प्रतिनिधि नियुक्त किया गया। इसके बाद अहमदशाह के आदमियों ने दिल्ली को लूटना आरम्भ किया। एक महीने तक दिल्ली को लूटा और नष्ट किया गया। दिल्ली पूरे मध्यकाल में लुटती आई थी इसलिए भूखे-नंगे शहर में लूटने को बहुत कुछ बचा भी नहीं था। अहमदशाह तो अपार धन की आशा में भारत आया था। वह और अधिक बेचैन हो उठा।

भरतपुर की ओर

अहमदशाह अब्दाली ने सुन रखा था कि भारत में दो ही धनाढ्य व्यक्ति हैं- एक तो बंगाल का नवाब शुजाउद्दौला तथा दूसरा भरतपुर का राजा सूरजमल। उसे यह भी जानकारी थी कि ईस्ट इण्डिया कम्पनी ने अपने खूनी पंजे नवाब शुजाउद्दौला

की गर्दन में भलीभांति गाढ़ दिए हैं। अत: अहमदशाह अब्दाली भरतपुर के खजाने को लूटने के लिए व्याकुल हो उठा। वह भरतपुर की दाढ़ में से अंताजी मानकेश्वर के परिवार तथा वजीर इमादुल्मुल्क के परिवार को निकालना चाहता था। राजा नागरमल भी सूरजमल की शरण में था। अब सूरजमल ने जवाहरसिंह को मथुरा की रक्षा पर नियत किया और स्वयं डीग में जाकर मोर्चा बांधकर बैठ गया।

अब्दाली ने सूरजमल को आदेश भिजवाया कि वह कर देने के लिए स्वयं हाजिर हो और अब्दाली के झण्डे के नीचे रहकर सेवा करे। जिन इलाकों को सूरजमल ने हाल ही में अपने अधीन किया है, उन इलाकों को भी लौटा दे। इस पर सूरजमल ने व्यंग्य भरा जवाब भिजवाया–

> *जब बड़े–बड़े जमींदार हुजूर की सेवा में हाजिर होंगे, तब यह दास भी शाही ड्यौढ़ी का चुम्बन करेगा। मैं राजा नागरमल तथा अन्य लोग जो मेरी शरण लिए हुए हैं, उन्हें कैसे भिजवा सकता हूँ ?*

यह जवाब मिलने के बाद अब्दाली ने जाट राज्य पर आक्रमण करने के लिए दिल्ली से प्रस्थान किया।

बल्लभगढ़ का विनाश

अहमदशाह अब्दाली ने सूरजमल के राज्य पर आक्रमण के लिए प्रस्थान किया। एक दिन राजकुमार जवाहरसिंह ने अचानक ही अब्दाली की सेना पर आक्रमण किया और उसके बहुत से सैनिकों को मारकर बल्लभगढ़ में जा बैठा। इस पर अब्दाली बल्लभगढ़ पर चढ़ बैठा। उसने दुर्ग पर अधिकार कर लिया। बल्लभगढ़ के दुर्ग में अब्दाली को केवल 12 हजार रुपये, सोने–चांदी के कुछ बर्तन, 14 घोड़े, 11 ऊँट और कुछ अनाज हाथ लगा। जवाहरसिंह अपने आदमियों के साथ रात के अंधेरे का लाभ उठाकर बल्लभगढ़ से जीवित ही निकल गया। इससे चिढ़कर अब्दाली ने बल्लभगढ़ के समस्त नर–नारियों को मार डाला। इन मनुष्यों के सिर काटकर गठरियों में बांध कर घोड़ों पर रख दिए गए। कुछ लोगों को पकड़कर घोड़ों के पीछे बांध दिया गया ताकि वे भी कटे हुए सिरों को उठा सकें।

प्रातःकाल होने पर लोगों ने देखा कि प्रत्येक घुड़सवार एक घोड़े पर चढ़ा हुआ था। उसने उस घोड़े की पूंछ के साथ दस से बीस घोड़ों की पूंछों को बांध रखा था। समस्त घोड़ों पर लूट का सामान लदा हुआ था तथा बल्लभगढ़ से पकड़े गए स्त्री-पुरुष बंधे हुए थे। प्रत्येक आदमी के सिर पर कटे हुए सिरों की गठरियां रखी हुई थीं। अहमदशाह के सामने कटे हुए सिरों की मीनार बनायी गयी। जो लोग इन

बल्लभगढ़ दुर्ग

सिरों को अपने सिरों पर रख कर लाये थे, उनसे पहले तो चक्की पिसवाई गयी तथा उसके बाद उनके भी सिर काटकर मीनार में चिन दिए गए।

जब अब्दाली बल्लभगढ़ पर आक्रमण करने गया तब उसने नजीबुद्दौला तथा जहानखां को 20 हजार सिपाही देकर निर्देश दिये-

> *'उस अभागे जाट के राज्य में घुस जाओ। उसके हर शहर और हर जिले को लूटकर उजाड़ दो। मथुरा नगर हिन्दुओं का तीर्थ है। मैंने सुना है कि सूरजमल वहीं है। इस पूरे शहर को तलवार के घाट उतार दो। जहाँ तक बस चले, उसके राज्य में और आगरा तक कुछ मत रहने दो। कोई चीज खड़ी न रहने पाये। उसने अपने सैनिकों को आज्ञा दी कि मथुरा में एक भी आदमी जीवित न रहे तथा जो मुसलमान किसी विधर्मी का सिर काटकर लाये उसे पाँच रुपया प्रति सिर के हिसाब से ईनाम दिया जाए।'*

चौमुहा की लड़ाई

इसके बाद अहमदशाह अब्दाली ने मथुरा पर आक्रमण किया। मथुरा से आठ मील पहले चौमुहा में जवाहरसिंह ने दस हजार जाट सैनिकों को लेकर अब्दाली का मार्ग रोका। नौ घण्टे तक दोनों पक्षों में भीषण लड़ाई हुई जिसमें जाट सैनिक परास्त हो गए। जाटों को भारी क्षति उठानी पड़ी। इसके बाद अब्दाली की सेना ने मथुरा में प्रवेश किया। 1 मार्च 1757 को अब्दाली मथुरा में घुसा, उस दिन होली के त्यौहार को बीते हुए दो ही दिन हुए थे। अहमदशाह के सिपाहियों ने माताओं की छाती से दूध पीते बच्चों को छीनकर मार डाला। हिन्दू सन्यासियों के गले काटकर उनके साथ गौओं के कटे हुए गले बांध दिये। मथुरा के प्रत्येक स्त्री-पुरुष को नंगा किया गया। जो पुरुष मुसलमान निकले उन्हें छोड़ दिया गया, शेष को मार दिया गया। जो औरतें मुसलमान थीं उनकी इज्जत लूट कर उन्हें जीवित छोड़ दिया गया तथा हिन्दू औरतों को इज्जत लूटकर मार दिया गया।

मथुरा में विध्वंस मचाकर 6 मार्च 1757 को अब्दाली ने वृंदावन की ओर रुख किया। वहाँ भी वही सब दोहराया गया जो बल्लभगढ़ और मथुरा में किया गया था। चारों ओर मनुष्यों के शवों के ढेर लग गए।

यह एक आश्चर्य की बात लग सकती है कि जिस समय अहमदशाह बल्लभगढ़, मथुरा और वृंदावन में कत्ले आम मचा रहा था, सूरजमल डीग में बैठा था किंतु इसमें सूरजमल की सोची-समझी रणनीति काम कर रही थी। वह जानता था कि किले से बाहर निकलकर वह अफगानिस्तान से आई सेना का मुकाबला नहीं कर सकेगा किंतु यदि अफगानिस्तान की सेना डीग, कुम्हेर अथवा भरतपुर पर आक्रमण करती है तो उसे इन तीन दुर्गों के मकड़जाल में फांसकर मारा जा सकता है।

सर्वाधिक आश्चर्य की बात तो यह थी कि जो मराठे हिन्दू पदपादशाही स्थापित करने का स्वप्न देखते न थकते थे, उन्होंने इस विपत्ति में स्वयं को उत्तर भारत से दूर रखा। भगवान कृष्ण की जन्मस्थली और लीला स्थली बुरी तरह नष्ट-भ्रष्ट की गईं किंतु मराठों की धर्म के प्रति निष्ठा नहीं जाग सकी।

मथुरा और वृंदावन में हिन्दुओं का इतना रक्त बहा कि यमुना का पानी लाल हो गया। अब्दाली के आदमियों को वही पानी पीना पड़ा। इससे फौज में हैजा फैल

गया और सौ-डेढ़ सौ आदमी प्रतिदिन मरने लगे। अनाज की कमी के कारण सेना घोड़ों का मांस खाने लगी। इससे घोड़ों की कमी होने लगी। अब्दाली ने इन बातों की परवाह किए बिना, 21 मार्च 1757 को आगरा पर आक्रमण किया। उसे ज्ञात हुआ था कि दिल्ली से बहुत से व्यापारी तथा अमीर, अपना धन लेकर आगरा भाग आये हैं। इसलिए अब्दाली जितनी जल्दी हो सके आगरा को लूटना चाहता था। उसके पंद्रह हजार घुड़सवार सैनिक आगरा में घुसकर लूट मचाने लगे। ठीक इसी समय सेना में हैजे का उग्र प्रकोप हुआ और अब्दाली के सैनिक अपने घरों को लौटने के लिए विद्रोह करने पर उतारू हो गए।

इस पर अब्दाली ने अपना अभियान समाप्त कर दिया और दिल्ली के बादशाह आलमगीर द्वितीय को संदेश भिजवाया कि हम अपना अभियान समाप्त करके दिल्ली लौट रहे हैं। अब्दाली ने सूरजमल को भी एक चिट्ठी भिजवाई कि यदि वह कर नहीं देगा तो उसके परिणाम बहुत भयंकर होंगे। अब्दाली ने एक और पत्र सूरजमल को लिखकर धमकाया कि यदि वह रुपये नहीं देगा तो भरतपुर, डीग तथा कुम्हेर के किले धरती में मिला दिए जाएंगे। इस पर सूरजमल ने अहमदशाह अब्दाली को अपना उत्तर भिजवाया-

> *हिन्दुस्तान के साम्राज्य में मेरी कोई महत्त्वपूर्ण स्थिति नहीं है। मैं रेगिस्तान में रहने वाला एक जमींदार हूँ और मेरी कोई कीमत नहीं है, इसलिए इस काल के किसी भी बादशाह ने मेरे मामलों में दखल देना अपनी प्रतिष्ठा के अनुरूप नहीं समझा। अब हुजूर जैसे एक शक्तिशाली बादशाह ने युद्ध के मैदान में मुझसे मिलने और मुकाबला करने का दृढ़ निश्चय किया है और इस नगण्य से व्यक्ति के विरुद्ध अपनी सेनाएं ला खड़ी की हैं। खाली यह कार्यवाही ही बादशाह की शान और बड़प्पन के लिए शर्मनाक होगी। इससे मेरी स्थिति ऊँची होगी तथा मुझ जैसे तुच्छ व्यक्ति के लिए यह अभिमान की वस्तु होगी। दुनिया कहेगी कि ईरान और तूरान के शाह ने बहुत ही ज्यादा डरकर, अपनी सेनाएं लेकर एक कंगाल बंजारे पर चढ़ाई कर दी। केवल ये शब्द ही राजमुकुट प्रदान करने वाले हुजूर के लिए कितनी*

शर्म की चीज होगी। फिर अंतिम परिणाम भी अनिश्चितता से पूरी तरह रहित नहीं है। यदि इतनी शक्ति और साज-सामान लेकर आप मुझ जैसे कमजोर को बरबाद कर देने में सफल भी हो जाएँ तो उससे आपको क्या यश मिलेगा ? मेरे बारे में लोग केवल यही कहेंगे, उस बेचारे की ताकत और हैसियत ही कितनी सी थी ! परंतु भगवान की इच्छा से, जो किसी को भी मालूम नहीं है, मामला कहीं उलट गया तो उसका परिणाम क्या होगा ? यह सारी शक्ति और प्रभुत्व, जो हुजूर के बहादुर सिपाहियों ने ग्यारह बरसों में जुटाया है, पल भर में गायब हो जाएगा।

यह अचरज की बात है कि इतने बड़े दिलवाले हुजूर ने इस छोटी सी बात पर विचार नहीं किया और इतनी सारी भीड़भाड़ और इतने बड़े लाव-लश्कर के साथ इस सीधे-सादे तुच्छ से अभियान पर स्वयं आने का कष्ट उठाया। जहाँ तक मुझे और मेरे देश को कत्ल करने और बरबाद कर देने की धमकी भरा प्रचण्ड आदेश देने का प्रश्न है, वीरों को इस बात को कोई भय नहीं हुआ करता। सब को ज्ञात है कि कोई भी समझदार व्यक्ति इस क्षण-भंगुर जीवन पर तनिक भी भरोसा नहीं करता। रही मेरी बात, मैं जीवन के पचास सोपानों को पहले ही पार कर चुका हूँ और अभी कितने बाकी हैं, यह मुझे कुछ पता नहीं। मेरे लिए इससे बढ़कर वरदान और कुछ नहीं हो सकता कि मैं बलिदान के अमृत का पान करूँ। यह देर-सबेर योद्धाओं के अखाड़े में और युद्ध के मैदान में वीर सैनिकों के साथ करना ही पड़ेगा। और काल-ग्रन्थ के पृष्ठों पर अपना और अपने पूर्वजों का नाम छोड़ जाऊँ, जिससे लोग याद करें कि एक बेजोर किसान ने एक ऐसे महान और शक्तिशाली बादशाह से बराबरी का दम भरा, जिसने बड़े-बड़े राजाओं को जीतकर

अपना दास बना लिया था और वह किसान लड़ते-लड़ते वीर गति को प्राप्त हुआ।

ऐसा ही शुभ संकल्प मेरे निष्ठावान अनुयायियों और साथियों के हृदय में भी विद्यमान है। यदि मैं चाहूँ भी कि आपके दैवी दरबार की देहरी पर उपस्थित होऊँ, तो भी मेरे मित्रों की प्रतिष्ठा मुझे ऐसा करने नहीं देगी। ऐसी दशा में यदि न्याय के निर्झर हुजूर मुझे, जो कि तिनके सा कमजोर है, क्षमा करें और अपना ध्यान किन्हीं और महत्त्वपूर्ण अभियानों पर लगायें तो उससे आपकी प्रतिष्ठा या कीर्ति को कोई हानि नहीं पहुंचेगी। मेरे इन तीन किलों (भरतपुर, डीग और कुम्हेर) के बारे में जिन पर हुजूर को रोष है और जिन्हें हुजूर के सरदारों ने मकड़ी के जाले सा कमजोर बताया है, सचाई की परख असली लड़ाई के बाद ही हो पायेगी। भगवान ने चाहा तो वे सिकन्दर के गढ़ जैसे ही अजेय रहेंगे।

कुदरतुल्लाह नामक एक लेखक ने अपने ग्रंथ जाम-ए-जहान-नामा में प्रसंग लिखा है जिसमें अहमदशाह अब्दाली के साथ सूरजमल से चली समझौता वार्त्ता की चर्चा संक्षेप में की गई है-

धन से भरपूर राजकोष, सुदृढ़ दुर्गों, बहुत बड़ी सेना और प्रचुर मात्रा में युद्ध सामग्री के कारण सूरजमल ने अपना स्थान नहीं छोड़ा और वह युद्ध की तैयारी करता रहा। उसने अहमदशाह के दूतों से कहा- अभी तक आप लोग भारत को नहीं जीत पाये हैं। यदि आपने एक अनुभव शून्य बालक इमादुलमुल्क गाजीउद्दीन को जिसका कि दिल्ली पर अधिकार था, अपने अधीन कर लिया, तो इसमें घमण्ड की क्या बात है ! यदि आपमें सचमुच कुछ दम है, तो मुझ पर चढ़ाई करने में इतनी देर किस लिए ? शाह जितना समझौते का प्रयास करता गया, उतना ही उस जाट का अभिमान और धृष्टता बढ़ती गई। उसने कहा, मैंने इन किलों पर बड़ा रुपया लगाया है। यदि शाह मुझसे

लड़े तो यह उसकी मुझ पर कृपा होगी क्योंकि तब दुनिया भविष्य में यह याद रख सकेगी कि एक बादशाह बाहर से आया था और उसने दिल्ली जीत ली थी, पर वह एक मामूली से जमींदार के मुकाबले में लाचार हो गया। जाटों के किलों की मजबूती से डरका शाह वापस चला गया। दिल्ली में बादशाह मुहम्मदशाह की बेटी से अपना और बादशाह आलमगीर की बेटी से अपने पुत्र का विवाह करके और नजीब खां रूहेला को भारत में अपना सर्वोच्च प्रतिनिधि नियुक्त करके वह कान्धार लौट गया।

जब अहमदशाह आगरा से दिल्ली को लौट रहा था, तब पूरे मार्ग के दौरान सूरजमल के आदमी उसे समझौता वार्त्ता में उलझाये रहे। अंत में उसे दस लाख रुपये देने का आश्वासन दिया गया। जब अहमदशाह दिल्ली पहुंच गया तब सूरजमल को विश्वास हो गया कि अब यह अफगानिस्तान लौट जाएगा, इसलिए समस्त प्रकार की वार्त्ता बंद कर दी गई तथा उसे एक भी रुपया नहीं दिया गया। इस प्रकार अहमदशाह अब्दाली को भरतपुर, डीग और कुम्हेर को लूटे बिना ही तथा भरतपुर से कोई रुपया लिए बिना ही, अफगानिस्तान लौट जाना पड़ा।

लूट का सामान

जब अहमदशाह अब्दाली अफगानिस्तान को लौटा तो उसके साथ भारत से लूटा गया माल हजारों ऊँटों, हाथियों और बैलों पर लदा था। अब्दाली का अपना सामान 28,000 ऊँटों, खच्चरों, बैलों और गाड़ियों पर लदा था। 200 ऊँट उस सामान से लदे थे जो दिल्ली के मरहूम बादशाह मुहम्मदशाह (द्वितीय) की विधवा स्त्रियों की सम्पत्ति थी। ये विधवाएं भी अब अब्दाली के साथ अफगानिस्तान जा रही थीं। 80,000 घुड़सवार और पैदल उसके अनुयायी थे जिनके पास अपना-अपना लूट का माल था। उसके घुड़सवार पैदल चल रहे थे क्योंकि घोड़ों पर लूट का माल लदा हुआ था। जिस-जिस रास्ते से यह कारवां गुजरता था, उस रास्ते पर एक भी घोड़ा, हाथी, गधा, खच्चर तथा बैल आदि पशु नहीं बचता था, समस्त भारवाहक पशु अब्दाली के आदमियों द्वारा छीन लिए जाते थे और उन पर लूट का माल लाद दिया जाता था।

भरतपुर की तोपों की संख्या में वृद्धि

जदुनाथ सरकार ने फॉल ऑफ दी मुगल एम्पायर में लिखा है कि अहमदशाह अब्दाली अपने साथ बड़ी संख्या में तोपें खींचकर लाया था। जब वह अफगानिस्तान को लौटने लगा तो उसने बड़ी संख्या में तोपों को दिल्ली में ही छोड़ दिया क्योंकि उन्हें खींचने वाले पशुओं पर तो अब लूट का माल लदा हुआ था। जब अब्दाली दिल्ली से निकल गया तो राजा सूरजमल उन तोपों को दिल्ली से खींचकर अपने किलों में ले आया। दिल्ली में किसी के पास एक तलवार तक न रही।

दिल्ली का दुर्भाग्य

कहने को तो अब भी मुगल बादशाह आलमगीर (द्वितीय) दिल्ली के तख्त पर बैठा था किंतु सच्चाई यह थी कि दिल्ली को पूरी तरह उसके दुर्भाग्य के हवाले कर दिया गया था। अहमदशाह अब्दाली के प्रस्थान के तुरंत बाद दिल्ली में दिमागी बुखार की महामारी फैली। इसी के साथ आंखों में संक्रमण का रोग फैल गया। नवम्बर 1757 में दिल्ली में जोरों को भूकम्प आया जिसके कारण बहुत बड़ी संख्या में घर गिर गए और लोग मर गए। खाने की चीजें बहुत महंगी हो गईं और दवाइयां तो ढूंढने पर भी नहीं मिलती थीं। शहर में लुटेरों और चोरों के झुण्ड आ बसे जो राहगीरों को दिन दहाड़े लूट लेते थे। सदियों से भारत की राजधानी रही दिल्ली, खण्डहरों और शवों की नगरी बनकर रह गई।

दिल्ली और लाहौर पर मराठों का अधिकार

अहमदशाह अब्दाली के जाते ही मराठे दिल्ली में आ धमके। जिस नजीब खां को अब्दाली अपने प्रतिनिधि के रूप में छोड़ गया था, उसने मल्हारराव को अपना धर्मपिता कहकर उसके पांव पकड़ लिए।

बादशाह आलमगीर (द्वितीय) महाराजा सूरजमल की शरण में

जब अहमदशाह अब्दाली अफगानिस्तान लौट गया तो रूहेला सरदार नजीबुद्दौला ने दिल्ली पर अधिकार कर लिया किंतु जब मराठों ने दिल्ली को घेर लिया तो बादशाह आलमगीर (द्वितीय) चुपचाप लाल किला खाली करके महाराजा सूरजमल की शरण में डीग भाग गया। कुछ समय बाद मराठा सरदार रघुराथराव पंजाब अभियान पर गया। उसने एक मराठा सेना दिल्ली में छोड़ दी जो लाल किले पर भी पहरा देती थी।

महाराजा सूरजमल ने बादशाह को परामर्श दिया कि इस तरह दिल्ली छोड़ देना उचित नहीं है। आप दिल्ली चल कर रहिए अन्यथा मराठे लाल किले पर भी अधिकार कर लेंगे। बादशाह ने महाराजा के इस परामर्श को मान लिया तथा सूरजमल के संरक्षण में दिल्ली चलना स्वीकार कर लिया। इस पर महाराजा सूरजमल ने अपनी सेना लेकर दिल्ली पर आक्रमण किया। यह सेना अपने साथ बादशाह आलमगीर (द्वितीय) तथा उसके परिवार को लेकर आई थी। जाटों की सेना द्वारा मराठों पर दबाव बनाकर आलगमीर तथा उसके परिवार को फिर से लाल किले में प्रवेश दिलवा दिया गया। इसके बाद जाटों की सेना दिल्ली तथा उसके आसपास के क्षेत्रों को लूटती हुई डीग लौट गई।

इमादुलमुल्क महाराजा सूरजमल की शरण में

29 नवम्बर 1759 को आलमगीर (द्वितीय) के वजीर इमादुलमुल्क ने बादशाह की हत्या कर दी तथा बादशाह का शव यमुनाजी के तट पर फिंकवा दिया तथा यह प्रचारित कर दिया कि बादशाह पैर फिसलने से मर गया। बादशाह की हत्या कर देने के बाद इमादुल्मुल्क दिल्ली से भागकर महाराजा सूरजमल की शरण में चला गया जहाँ उसका परिवार पहले से ही रह रहा था। इस घटना के सम्बन्ध में फादर वैंदेल ने लिखा है– ***'इस प्रकार उसने महान मुगलों का वजीर होने का अपना गौरव जाटों को अर्पित कर दिया। उसे एक जमींदार जाट से, एक भिखारी की तरह हाथ जोड़कर दया की भीख मांगते और उसके प्रजाजनों में शरण लेते तनिक भी लाज***

न आई। जबकि इससे पहले वह उससे पिण्ड छुड़ाने के लिए सारे हिन्दुस्तान को शस्त्र-सज्जित कर चुका था। इससे पहले मुगलों के गौरव को इतना बड़ा और इतना उचित आघात नहीं लगा था। इस अप्रत्याशित घटना ने उनके गौरव को घटा दिया और नष्ट कर दिया।'

सदाशिव भाऊ से अनबन

सदाशिव राव भाऊ

बल्लभगढ़, मथुरा और वृंदावन पर अभियान करके लौट जाने के बाद लगभग हर साल अब्दाली भारत आया किंतु ई.1760 में उसने फिर से दिल्ली का रुख किया। जब मराठों को यह ज्ञात हुआ कि अब्दाली फिर से दिल्ली की ओर आ रहा है तो वे उसका मार्ग रोकने के लिए सदाशिव भाऊ के नेतृत्व में दिल्ली की ओर चल पड़े। वे अपने साथ भारी-भरकम लवाजमा लेकर आये। उनके साथ बड़ी संख्या में उनके परिवारों की स्त्रियां, नृत्यांगनायें एवं भोग-विलास की सामग्री थी। उन्हें विश्वास था कि मराठों के लिए अब्दाली से निबटना बायें हाथ का खेल है। सदाशिव भाऊ तीस साल का अनुभवहीन युवक था। वह पेशवा बाजीराव प्रथम का भतीजा तथा चिम्माजी अप्पा का सिरफिरा और घमण्डी पुत्र था। उसे शत्रु और मित्र की पहचान नहीं थी। फिर भी उसने राजा सूरजमल को मराठों के विरुद्ध अपने साथ लेने की इच्छा व्यक्त की तथा उसे मराठों की तरफ से लड़ने का निमंत्रण भिजवाया। सूरजमल इस शर्त पर मराठों को अपने 10 हजार सैनिकों सहित सहायता देने के लिए तैयार हो गया कि मराठे उसके देश में उपद्रव नहीं करेंगे तथा चौथ वसूली के लिए तकाजे करके उसे तंग नहीं करेंगे। मराठों ने सूरजमल की शर्तें स्वीकार कर लीं। 8 जून 1760 को भाऊ ने मराठा सैनिकों पर, जाटों को सताने या उनके क्षेत्र में लूटपाट करने पर रोक लगा दी। इसके बदले में सूरजमल ने मराठों को एक माह के उपयोग जितनी खाद्य सामग्री प्रदान की।

आगरा से 20 मील दूर बाणगंगा नदी के तट पर भाऊ का डेरा था। वहीं से उसने सूरजमल को लिखा कि सूरजमल अपनी सेना को लेकर आ जाए। सूरजमल को भाऊ पर विश्वास नहीं हुआ। इस पर मल्हारराव होल्कर तथा सिन्धिया ने सूरजमल की सुरक्षा के लिए शपथपूर्वक वचन दिया। 30 जून 1760 को सूरजमल अपने 10 हजार सैनिक लेकर भाऊ के शिविर में पहुंचा। भाऊ ने स्वयं दो मील आगे आकर सूरजमल का स्वागत किया। भाऊ ने यमुनाजी का जल हाथ में लेकर सूरजमल के प्रति अपनी मित्रता की प्रतिज्ञा दोहराई। भाऊ ने सूरजमल की सलाह पर मथुरा में एक युद्ध परिषद आहूत की जिसमें वजीर इमादुलमुल्क को भी बुलाया गया। इस युद्ध परिषद में सबसे सुझाव मांगे गए कि अहमदशाह अब्दाली का सामना किस प्रकार किया जाए।

राजा सूरजमल ने सदाशिव भाऊ को सलाह दी कि मराठा महिलाएं, अनावश्यक सामान और बड़ी तोपें जो इस लड़ाई में कुछ काम न देंगी, चम्बल के पार ग्वालियर तथा झांसी के किलों में भेज दी जाएं और आप स्वयं हल्के शस्त्रों से सुसज्जित रहकर अब्दाली का सामना करें। यदि आप अपनी महिलाओं को इतनी दूर न भेजना चाहें तो भरतपुर राज्य के किसी किले में भिजवा दें। सूरजमल ने यह भी सलाह दी कि अब्दाली से आमने-सामने की लड़ाई करने के स्थान पर छापामार युद्ध किया जाए तथा बरसात तक उसे अटकाये रखा जाए। जब बरसात आयेगी तो अब्दाली हिल भी नहीं पायेगा और संभवतः तंग आकर वह अफगानिस्तान लौट जाए। सूरजमल को विश्वास था कि मराठों को सिक्खों तथा बनारस के हिन्दू राजा से भी सहायता प्राप्त होगा। क्योंकि अब्दाली ने सिक्खों का बहुत नुक्सान किया था। इसी प्रकार बनारस का राजा बलवंतसिंह अवध के नवाब शुजाउद्दौला का शत्रु था। होलकर ने सूरजमल के सुझावों का समर्थन किया किंतु सदाशिव भाऊ अविवेकी व्यक्ति था, उसने सूरजमल के व्यवाहरिक सुझावों को भी मानने से मना कर दिया।

मराठों और जाटों ने मथुरा से आगे बढ़कर दिल्ली पर अधिकार कर लिया। दिल्ली हाथ में आते ही भाऊ तोते की तरह आंख बदलने लगा। सूरजमल के लाख मना करने पर भी उसने लाल किले के दीवाने खास की छतों से चांदी के पतरे उतार लिए और नौ लाख रुपयों के सिक्के ढलवा लिए। सूरजमल स्वयं दिल्ली का शासक बनना चाहता था। उसे यह बात बुरी लगी और उसने भाऊ को रोकने का प्रयत्न किया

किंतु भाऊ नहीं माना। सूरजमल चाहता था कि इमादुलमुल्क को फिर से दिल्ली का वजीर बनाया जाए किंतु भाऊ ने घोषणा की कि वह नारोशंकर को दिल्ली का वजीर बनायेगा। इससे सूरजमल और इमादुलमुल्क का भाऊ से मोह भंग हो गया।

महाराजा सूरजमल चाहता था कि दिल्ली के बादशाह आलमगीर (द्वितीय) को मार डाला जाए किंतु आलमगीर, भाऊ को अपना धर्मपिता कहकर उसके पांव पकड़ लेता था। महाराजा सूरजमल आलमगीर से इसलिए नाराज था क्योंकि इस बार अब्दाली को भारत आने का निमंत्रण आलमगीर ने ही भेजा था ताकि सूरजमल को कुचला जा सके। भाऊ का आलमगीर के प्रति अनुराग देखकर सूरजमल नाराज हो गया। सूरजमल चाहता था कि दिल्ली की सुरक्षा का भार सूरजमल पर छोड़ा जाए किंतु भाऊ ने दिल्ली के महलों पर अपनी सेना का पहरा बैठा दिया। इन सब बातों से सूरजमल खिन्न हो गया। उसने भाऊ से कहा कि वह दीवाने आम की चांदी की छत फिर से बनवाये तथा इमादुलमुल्क को दिल्ली का वजीर बनाने की घोषणा करे, अन्यथा भाऊ को सूरजमल की सहायता नहीं मिल सकती।

इस पर भाऊ ने तैश में आकर जवाब दिया- ***'क्या मैं दक्खन से तुम्हारे भरोसे यहाँ आया हूँ। जो मेरी मर्जी होगी, करूंगा। तुम चाहो तो यहाँ रहो, या चाहो तो अपने घर लौट जाओ। अब्दाली से निबटने के बाद मैं तुमसे निपट लूंगा।'***

होलकर तथा सिन्धिया ने सूरजमल की सुरक्षा की जिम्मेदारी ली थी किंतु वे समझ गए थे कि अब सूरजमल दिल्ली में सुरक्षित नहीं है। इसलिए उन्होंने सूरजमल के सलाहकार रूपराम कटारिया से कहा कि जैसे भी हो, सूरजमल को दिल्ली से निकल जाना चाहिये। रूपराम कटारिया ने यह बात सूरजमल को बताई। सूरजमल उसी दिन मराठों को त्यागकर बल्लभगढ़ के लिए रवाना हो गया। होलकर और सिंधिया ने सूरजमल के निकल भागने की सूचना बहुत देर बाद भाऊ को दी। इस पर भाऊ, सूरजमल से बहुत नाराज हो गया। इमाद-उस-सादात के लेखक का कथन है- ***'भाऊ ने सूरजमल से दो करोड़ रुपये मांगे और उसे संदेहजनक पहरे में रख दिया।'*** संभवत: सूरजमल को इस पहरे में से निकलने के लिए विशेष प्रबंध करने पड़े।

सूरजमल द्वारा मराठों का त्याग करते ही मराठों पर विपत्तियां आनी आरम्भ हो गईं। अहमदशाह अब्दाली की सेनाओं को रूहेलों के राज्य से अनाज की आपूर्ति हो रही थी तथा मराठों को सूरजमल के राज्य से अनाज मिल रहा था किंतु सूरजमल के चले जाने से दिल्ली में अनाज की कमी होने लगी और अनाज के भाव अचानक बढ़ गए। दिल्ली के आसपास के क्षेत्रों को विगत कुछ वर्षों में इतना अधिक रौंदा गया था कि वहाँ से अनाज प्राप्त करना सम्भव नहीं रह गया था। भाऊ के बुरे व्यवहार के उपरांत भी सूरजमल की सहानुभूति मराठों से बनी रही।

अहमदशाह अब्दाली ने सूरजमल से समझौता करने का प्रयास किया। वह चाहता था कि सूरजमल, भावी युद्ध से तटस्थ रहने की घोषणा कर दे ताकि मराठों को पूरी तरह से अकेला बनाया जा सके किंतु सूरजमल ने अब्दाली से किसी तरह कां समझौता करने का प्रस्ताव ठुकरा दिया।

जैसे-जैसे अब्दाली की सेनाएं दिल्ली के निकट आती गईं, वैसे-वैसे दिल्ली, आगरा और अन्य क्षेत्रों में रहने वाले लोग अपने परिवारों को लेकर भरतपुर राज्य में शरण लेने के लिए आने लगे। सूरजमल ने इन शरणार्थियों के लिए अपने राज्य के दरवाजे खोल दिये। यहाँ तक कि घायल मराठा सरदार जनकोजी सिंधिया और उसका परिवार भी कुम्हेर आ गया। मुगल बादशाह के वजीर इमादुलमुल्क ने भी अपना परिवार सूरजमल के संरक्षण में भेज दिया। उदारमना सूरजमल ने अपने प्रबल शत्रुओं और उनके परिवारों को दिल खोलकर शरण दी। दूसरी तरफ रूहेले, पहले की ही तरह अहमदशाह अब्दाली के साथ हो गए। अवध का नवाब शुजाउद्दौला भी अब्दाली की तरफ हो गया।

मराठों को शरण

ई.1761 में अब्दाली पानीपत पहुंच गया। मराठों ने दिल्ली के निकटवर्ती राजपूत राज्यों से सहायता मांगी किंतु राजपूत राज्य तो पहले से ही मराठों द्वारा जर्जर कर दिए गए थे। इसलिए राजपूत राज्य अपने प्रबल मराठा शत्रुओं का साथ देने के लिए तैयार नहीं हुए। सूरजमल पहले ही अपने राज्य को लौट चुका था। इस कारण मराठों ने अकेले ही अब्दाली का मार्ग रोका और इतिहास प्रसिद्ध पानीपत की तीसरी लड़ाई

हुई। पानीपत के मैदान ने इससे पहले भी हिन्दुओं का साथ नहीं दिया था। अत: पानीपत की तीसरी लड़ाई में भी हिन्दुओं का दुर्भाग्य उनके आड़े आ गया।

अब्दाली ने पानीपत के मैदान में 1 लाख मदमत्त मराठों को काट डाला। भाऊ मारा गया। बचे हुए मराठा सैनिक प्राण लेकर भरतपुर की तरफ भागे। जो मराठे अपने समक्ष किसी को कुछ गिनते नहीं थे, उन भागते हुए मराठा सैनिकों के हथियार, सम्पत्ति और वस्त्र उत्तर भारत के किसानों ने छीन लिए। जो दुर्दशा मराठों ने उत्तर भारत के किसानों की, की थी, ठीक उसी दुर्दशा में स्वयं मराठे भी जा पहुंचे। भूखे और नंगे मराठा सैनिक किसी तरह प्राण बचाकर, महाराजा सूरजमल के राज्य में प्रविष्ठ हुए। सूरजमल ने उनकी रक्षा के लिए अपनी सेना भेजी। उन्हें भोजन, वस्त्र और शरण प्रदान की।

महारानी किशोरी देवी ने देश की जनता का आह्वान किया कि वे भागते हुए मराठा सैनिकों को न लूटें। मराठा सैनिकों को मेरे बच्चे जानकर उनकी रक्षा करें। महारानी किशोरी देवी ने मराठा शरणार्थियों के लिए भरतपुर में अपना भण्डार खोल दिया। उसने सात दिन तक चालीस हजार मराठों को भोजन करवाया। ब्राह्मणों को दूध, पेड़े और मिठाइयां दीं। महाराजा सूरजमल ने प्रत्येक मराठा सैनिक को एक रुपया, एक वस्त्र और एक सेर अन्न देकर अपनी सेना के संरक्षण में मराठों की सीमा में ग्वालियर भेज दिया।

जदुनाथ सरकार ने भरतपुर राज्य में पहुंचे शरणार्थियों की संख्या 50,000 तथा अंग्रेज पादरी फादर वैंदेल ने एक लाख बताई है। ग्राण्ट डफ ने मराठा शरणार्थियों के साथ सूरजमल के व्यवहार की चर्चा करते हुए लिखा है- ***'जो भी भगोड़े उसके राज्य में आए, उनके साथ सूरजमल ने अत्यन्त दयालुता का बर्ताव किया और मराठे उस अवसर पर किए गए जाटों के व्यवहार को आज भी कृतज्ञता तथा आदर के साथ याद करते हैं। नाना फड़नवीस के एक पत्र में लिखा है- 'सूरजमल के व्यवहार से पेशवा के चित्त को बड़ी सान्त्वना मिली।'***

वैंदेल लिखता है- ***'जाटों के मन में मराठों के प्रति इतनी दया था कि उन्होंने उनकी सहायता की जबकि जाटों की शक्ति इतनी अधिक थी कि यदि सूरजमल चाहता तो एक भी मराठा लौटकर दक्षिण नहीं जा सकता था।'***

मुगलों का पराभव

मुगलों की सत्ता औरंगजेब के जीवन काल में ही अपने पतन की ओर बढ़ गई थी। ई.1739 में नादिरशाह के आक्रमण के बाद तो वह पतन के चरम पर जा पहुंची थी किंतु ई.1761 में पानीपत का युद्ध समाप्त हो जाने के बाद मुगल सत्ता का नैतिक पतन भी हो गया। विजय मद में चूर अब्दाली ने हाथी पर बैठकर दिल्ली में प्रवेश किया। उसने आलमगीर को एक साधारण कोठरी में बंद कर दिया। अब्दाली तथा उसके सैनिकों ने बादशाह आलमगीर तथा उसके अमीरों की औरतों और बेटियों को लाल किले में निर्वस्त्र करके दौड़ाया और उन पर दिन-दहाड़े बलात्कार किए। निकम्मा आलमगीर, अब्दाली के विरुद्ध कुछ नहीं कर सका। जब अहमदशाह अब्दाली, लाल किले का पूरा गर्व धूल में मिलाकर अफगानिस्तान लौट गया तब मुगल शाहजादियाँ पेट की भूख मिटाने के लिए दिल्ली की गलियों में फिरने लगीं। इस प्रकार पानीपत के तृतीय युद्ध के बाद मुगल सल्तनत का लगभग अन्त हो गया। मुगलों, मराठों तथा अफगानों के पराभव ने अँग्रेजों के लिए उत्तर भारत में मैदान साफ कर दिया।

अब्दाली को अंगूठा

अहमदशाह अब्दाली ने ई.1757 से ई.1761 के बीच महाराजा सूरजमल से कई बार रुपयों की मांग की। अपने राज्य की रक्षा के लिए महाराजा ने अब्दाली को कभी दो करोड़, कभी 65 लाख, कभी 10 लाख तो कभी 6 लाख तथा अन्य बड़ी-बड़ी राशि देने के वचन दिए किंतु उसे कभी फूटी कौड़ी नहीं दी। पानीपत की लड़ाई जीतने के बाद अब्दाली ने सूरजमल से एक करोड़ रुपया मांगा। सूरजमल ने अब्दाली के आदमियों का स्वागत किया तथा उन्हें बड़े इनाम-इकरार देकर कहा कि उसे कुछ मुहलत दी जाए, रुपये पहुंच जाएंगे। अब्दाली के आदमियों को भरोसा हो गया कि इस बार सूरजमल अवश्य ही रुपये दे देगा। इसलिए उन्होंने अब्दाली को भी आश्वस्त करने का प्रयास किया किंतु अब्दाली का धैर्य जवाब दे गया। उसने सूरजमल पर आक्रमण करने की योजना बनाई किंतु वह कार्यान्वित नहीं हो सकी। इस पर अब्दाली अड़ गया कि इस बार तो वह कुछ लेकर ही मानेगा। महाराजा ने कहा कि उसे 6 लाख रुपये दिए जाएंगे किंतु अभी हमारे पास केवल 1 लाख रुपये ही हैं। अब्दाली केवल एक लाख रुपये ही लेकर चलता बना। उसके बाद महाराजा ने उसे कभी कुछ नहीं दिया। ❑❑❑

अहमदशाह अब्दाली के बाद महाराजा सूरजमल

इमादुलमुल्क को शरण

अब्दाली के जाते ही उसके वजीर इमादुलमुल्क ने बादशाह की हत्या करवाकर शव नदी तट पर फिंकवा दिया तथा यह प्रचारित कर दिया कि बादशाह पैर फिसलने से मर गया। बादशाह की हत्या कर देने के बाद इमादुल्मुल्क दिल्ली से भागकर महाराजा सूरजमल की शरण में आ गया जहाँ उसका परिवार पहले से ही रह रहा था। फादर वैंदेल ने लिखा है- 'इस प्रकार उसने महान मुगलों का वजीर होने का अपना गौरव जाटों को अर्पित कर दिया। उसे एक जमींदार जाट से, एक भिखारी की तरह हाथ जोड़कर दया की भीख मांगते और उसके प्रजाजनों में शरण लेते तनिक भी लाज न आई। जबकि इससे पहले वह उससे पिण्ड छुड़ाने के लिए सारे हिन्दुस्तान को शस्त्र-सज्जित कर चुका था। इससे पहले मुगलों के गौरव को इतना बड़ा और इतना उचित आघात नहीं लगा था। इस अप्रत्याशित घटना ने उनके गौरव को घटा दिया और नष्ट कर दिया।'

आगरा का लाल किला

आगरा पर अधिकार

पानीपत की तीसरी लड़ाई के बाद उत्तर भारत की राजनीति में शून्यता आ गई थी। इस स्थिति का लाभ उठाते हुए सूरजमल ने आगरा दुर्ग पर अधिकार करने का निर्णय लिया। ऐसा करके ही वह दो-आब क्षेत्र में एक ऐसी सशक्त शासन व्यवस्था स्थापित कर सकता था जो विदेशी आक्रांताओं का सामना कर सके तथा मराठों को भी दूर रख सके। 3 मई 1761 को सूरजमल के 4000 जाट सैनिक आगरा पहुंचे। उनका नेतृत्व बलराम कर रहा था।[3] उसने आगरा नगर में अपनी चौकियां स्थापित करके प्रमुख स्थानों पर अधिकार जमा लिया। जब इन सैनिकों ने आगरा दुर्ग में प्रवेश करने की चेष्टा की तो दुर्गपति ने विरोध किया।

इस झगड़े में 200 सैनिक मारे गए। इस दौरान महाराजा सूरजमल स्वयं मथुरा में बैठकर आगरा में हो रही गतिविधियों पर दृष्टि रखता रहा। 24 मई 1761 को सूरजमल यमुना पार करके कोइल (अलीगढ़) पहुंच गया। जाट सेना ने कोइल तथा जलेसर पर अधिकार कर लिया। सूरजमल की सेना ने आगरा दुर्ग रक्षकों के परिवारों को पकड़ लिया तथा उन पर दबाव बनाया कि वे दुर्ग सूरजमल को समर्पित कर दें। इस पर दुर्गपति ने एक लाख रुपये तथा पांच गांवों की जागीर मांगी। उसकी मांगें स्वीकार कर ली गईं। 12 जून 1761 को सूरजमल ने आगरा में प्रवेश किया तथा दुर्ग पर अधिकार कर लिया। आगारा दुर्ग से सूरजमल को बड़ी संख्या में विशाल तोपें, बारूद तथा हथियार प्राप्त हुए। सूरजमल ने ताजमहल पर लगे चांदी के दो दरवाजे उखड़वा लिए तथा उन्हें पिघलवाकर चांदी निकलवा ली। ई.1774 तक आगरा, जाटों के अधिकार में रहा।

रूहेलों का दमन

पानीपत की लड़ाई के बाद रूहेलों ने मराठा सरदारों को भगाकर उनसे भौगांव, मैनपुरी, इटावा आदि क्षेत्र छीन लिए थे। सूरजमल ने रूहेलों पर आक्रमण करके उन्हें काली नदी के दूसरी ओर धकेल दिया तथा वहाँ की प्रजा को रूहेलों से मुक्ति दिलवाई।

[3] कुछ स्रोतों के अनुसार जाट सैनिकों की संख्या 2 हजार थी तथा उनका नेतृत्व वैर का राजा बहादुरसिंह कर रहा था।

अब्दाली ने रूहेलों को बुलंदशहर, अलीगढ़, जलेसर, सिकन्दरा राऊ, कासंगज तथा सौरों के क्षेत्र प्रदान किए थे। इससे पहले ये क्षेत्र सूरजमल के अधिकार में हुआ करते थे। सूरजमल ने रूहेलों को खदेड़ कर अपने पुराने क्षेत्रों पर फिर से अधिकार कर लिया। इसी प्रकार अनूपशहर, सियाना, गढ़ मुक्तेश्वर एवं हापुड़ आदि क्षेत्रों से भी रूहेलों एवं अफगानियों को भगा दिया गया।

ब्रजक्षेत्र के अन्य परगनों पर अधिकार

आगरा पर अधिकार करने के बाद महाराजा ने फरह, किरावली, फतहपुर सीकरी, खेरागढ़, कोलारी, तांतपुर, बसेड़ी तथा धौलपुर परगनों पर भी अधिकार कर लिया।

हरियाणा पर अभियान

महाराजा सूरजमल ने अपने दो पुत्रों जवाहरसिंह तथा नाहरसिंह को सेनाएं देकर हरियाणा के क्षेत्रों पर अधिकार करने के लिए भेजा। इस भू–भाग में इन दिनों मेव मुसलमानों एवं बलूच मुसलमानों ने अपनी गढ़ियां स्थापित कर रखी थी। रूहेलों एवं अफगानियों के बाद मेवों और बलूचों की बारी आनी ही थी। इन्हें मिटाये बिना दिल्ली पर सशक्त राजनीतिक सत्ता की स्थापना नहीं की जा सकती थी। इसलिए जाटों की एक टुकड़ी ने फरीदाबाद, बटेश्वर, राजाखेड़ा पर अधिकार कर लिया। सिकरवार राजपूतों से सिकरवाड़ ठिकाना एवं भदौरिया राजपूतों से भदावर ठिकाना भी जीत लिया गया। इस प्रकार ई.1762 से 1763 तक हरियाणा प्रदेश के विस्तृत क्षेत्र पर अधिकार किया गया। जवाहरसिंह की सेना ने रूहेलों से रेवाड़ी, झज्झर, पटौदी, चरखी दादरी, सोहना तथा गुड़गांव छीन लिए।

ई.1763 में फर्रूखनगर पर अधिकार करने को लेकर जाटों एवं बलोचों में युद्ध हुआ। जाटों का नेतृत्व राजकुमार जवाहरसिंह ने किया तथा बलोचों का नेतृत्व मुसावी खां ने किया। जब बलोचों का पलड़ा भारी पड़ने लगा तो स्वयं सूरजमल को युद्ध क्षेत्र में आना पड़ा। दो माह तक और घेरा डाला गया तथा जबर्दस्त दबाव बनाया गया। मुसावी खां ने इस शर्त पर दुर्ग खाली करना स्वीकार किया कि राजा सूरजमल स्वयं गंगाजल हाथ में रखकर शपथ ले कि वह मुसावी तथा उसके आदमियों को दुर्ग से निरापद रूप से हट जाने देगा। मुसावी खां ने दुर्ग खाली कर दिया। सूरजमल

ने उसे बंदी बनाकर भरतपुर भेज दिया गया। 12 दिसम्बर 1763 को दुर्ग पर सूरजमल का अधिकार हो गया।

गढ़ी हरसारू एक पक्की गढ़ी थी जो बड़ी संख्या में मेव डाकुओं को शरण देती थी। इसके नुकीले दरवाजों को तोड़ने में हाथियों का प्रयोग किया गया किंतु वे सफल नहीं हो सके। इस पर जवाहरसिंह ने अपने कुल्हाड़ी दल को गढ़ी का दरवाजा तोड़ने के लिए भेजा। इन सैनिकों ने अपने सरदार सीताराम कोटवान के नेतृत्व में गढ़ी के दरवाजों पर हमला किया और दरवाजे को तोड़ दिया। जाट सेना तीव्र गति से गढ़ी में घुस गई और उसमें छिपे बैठे समस्त डाकुओं को मार डाला। जाटों द्वारा रोहतक पर भी अधिकार कर लिया गया। इसके बाद सूरजमल ने दिल्ली से 12 कोस दूर स्थित बहादुरगढ़ का रुख किया। यहाँ पर बलोच सरदार बहादुरखां का अधिकार था। उसने नजीबुद्दौला से सम्पर्क किया किंतु सूरजमल ने किसी की नहीं सुनी और बहादुरगढ़ पर अधिकार कर लिया।

सूरज का अवसान

अब तक सूरजमल ने दिल्ली के चारों तरफ के इलाके छीन लिए थे। वह मुगलों की दो पुरानी राजधानियों– आगरा तथा फतहपुर सीकरी पर अधिकार कर चुका था तथा बहादुरगढ़ पर अधिकार करके दिल्ली के अत्यंत निकट पहुंच गया था। इसलिए दिल्ली की मुस्लिम सत्ता को अपने अस्तित्व की अंतिम लड़ाई लड़ने के अतिरिक्त ओर कोई चारा नहीं रहा। उस काल में रूहेले ही नजीबुद्दौला के नेतृत्व में दिल्ली

की रक्षा कर रहे थे। रूहेला सरदार नजीबुद्दौला शाहआमल द्वितीय के मुख्तार खास के पद पर नियुक्त था। उसने सूरजमल पर नकेल कसने का विचार किया। सूरजमल ने नजीबुद्दौला से समझौता करने का प्रयास किया किंतु नजीबुद्दौला सहमत नहीं हुआ।

इस पर सूरजमल ने जवाहरसिंह को फर्रूखाबाद के दुर्ग में रुकने को कहा और स्वयं ने 23 दिसम्बर 1763 को यमुना पार करके गाजियाबाद के आसपास के गांवों को जला दिया तथा यमुना के पश्चिमी किनारे पर डेरा लगाया। कुछ दिन बाद जाट सेना दिल्ली के दक्षिण में आकर बैठ गई। इस पर रूहेला सरदार दिल्ली से बाहर निकला और जाटों से चार मील पहले खिज्राबाद में आकर बैठ गया। इस पर सूरजमल फिर से यमुना पार करके अपनी पुरानी जगह पर जाकर बैठ गया। 24 दिसम्बर को नजीबुद्दौला ने सूरजमल से कहलवाया कि वह अपने राज्य को लौट जाए। सूरजमल ने नजीबुद्दौला को दिल्ली से बाहर आने की चेतावनी दी। इस पर नजीबुद्दौला रात्रि के अंधेरे में दिल्ली से बाहर निकला और 25 दिसम्बर का सूरज निकलने से पहले ही दिल्ली से 16 किलोमीटर दूर हिण्डन नदी के पश्चिमी तट पर आकर डेरा गाढ़ लिया। उसके साथ लगभग 10 हजार सिपाही थे। सूरजमल के पास 25 हजार सिपाही थे। सूरजमल ने नजीबुद्दौला को तीन तरफ से घेरने की योजना बनाई और अपने 5 हजार सिपाहियों को नजीबुद्दौला के पीछे की तरफ भेज दिया। 25 दिसम्बर की शाम के समय राजा सूरजमल अपनी सेना की स्थिति का अवलोकन करने के लिए अपनी एक छोटी सी टुकड़ी के साथ चक्कर लगाने के लिए निकला।

रूहेला सैनिकों को महाराजा सूरजमल के आगमन की सूचना मिल गई। वे हिण्डन नदी के कटाव में छिप कर बैठ गए। जब महाराजा वहाँ से होकर निकला तो रूहेलों ने अचानक उस पर हमला बोल दिया। सैयद मोहम्मद खाँ बलूच ने महाराजा के पेट में अपना खंजर दो-तीन बार मारा, एक सैनिक ने महाराजा की दांयी भुजा काट दी। भुजा के गिरते ही महाराजा धराशायी हो गया। उसी समय उसके शरीर के टुकड़े कर दिए गए। एक रूहेला सैनिक महाराजा की कटी हुई भुजा को अपने भाले की नोक में पताका की भांति उठाकर नजीबुद्दौला के पास ले गया। इस प्रकार 25 दिसम्बर 1763 की संध्या में ठीक उस समय हिन्दूकुल गौरव महाराजा सूरजमल का अवसान हो गया जब भगवान भुवन भास्कर दिन भर का कार्य निबटा कर प्रस्थान करने की तैयारी में थे। ❑❑❑

महाराजा सूरजमल का व्यक्तित्व

महाराजा सूरजमल कद में लम्बा, शरीर से किंचित् मोटा तथा रंग से सांवला था। उसकी आंखें बहुत चमकदार थीं। वह व्यवहार से शालीन, विनम्र, बुद्धिमान, धैर्यवान, विवेकी, वीर, धर्मप्राण, शरणागत वत्सल एवं दूरदर्शी राजा था। वह अपने पिता बदनसिंह तथा पुत्रों से बहुत प्रेम करता था। उसने अपने पिता के राज्य को कम नहीं होने दिया अपितु निरंतर वृद्धि करता चला गया। राजकुमार जवाहरसिंह के विद्रोह करने पर भी सूरजमल ने आपा नहीं खोया। उसने संकट की घड़ी में रानियों की सलाह को माना और उस पर अमल किया। ई.1754 में एक बार जाट सेना ने मराठों की कुछ स्त्रियां पकड़ लीं। महाराजा ने उन स्त्रियों को सम्मान पूर्वक वापस भिजवा दिया। महाराजा ने नवाब सफदरजंग से एक बार मित्रता की तो अंत तक निभाई। अपने पिता बदनसिंह की तरह सूरजमल भी जयपुर नरेश जयसिंह का सदा सम्मान करता रहा। सूरजमल अपने काल का सबसे समृद्ध राजा था।

उत्तर भारत की सबसे बड़ी शक्ति

अठारहवीं शताब्दी में महाराजा सूरजमल उत्तर भारत की सबसे बड़ी और एकमात्र शक्ति था। उसने विषम परिस्थितियों में भारत की राजधानी के सन्निकट रहकर उत्तर भारत की राजनीति का संचालन किया। मुगलों और मराठों के बीच रहकर उसने अपने राज्य को न केवल बचाये रखा अपितु उसका तेजी से विस्तार किया। होलकर राजकुमार खाण्डेराव की मृत्यु हो जाने पर भी मराठे उससे स्थायी शत्रुता नहीं बांध पाये। सूरजमल के समस्त बड़े शत्रुओं ने समय आने पर सूरजमल की शरण प्राप्त की। जब अहमदशाह अब्दाली ने भगवान श्रीकृष्ण की जन्मस्थली मथुरा में प्रवेश करना चाहा, तब उसने अपने पुत्र को दस हजार सैनिकों के साथ उसका मार्ग रोकने के लिए भेजा। भगवान की जन्मस्थली की रक्षा के लिए उसके वीर सैनिकों ने अपने प्राण न्यौछावर कर दिये। ऐसा उस युग में सूरजमल के अतिरिक्त और कोई नहीं कर सकता था। पानीपत की तीसरी लड़ाई में परास्त होकर भागते मराठा सैनिकों को शरण देने वाला सम्पूर्ण उत्तर

भारत में अकेला भरतपुर राज्य था। युद्ध क्षेत्र में जाने से वह कभी नहीं घबराता था किंतु दूसरों की बातों में आकर अपनी सुरक्षा को भी खतरे में नहीं डालता था। सम्मुख युद्ध में उसे कोई परास्त नहीं कर सका। उसे धोखे से मारा गया।

महाराजा सूरजमल का राज्य

महाराजा की मृत्यु के समय उसका राज्य भरतपुर, आगरा, धौलपुर, मैनपुरी, एटा, हाथरस, मेरठ, रोहतक, भिवाड़ी, फर्रूखाबाद, मेवात, रेवाड़ी, गुड़गांव तथा मथुरा आदि नगरों एवं दूर-दूर तक के क्षेत्रों तक विस्तृत था।

महाराजा सूरजमल की रानियाँ

महाराजा सूरजमल की रानियों के बारे में निश्चित संख्या तो नहीं बताई जा सकती किंतु कुछ इतिहासकारों का मानना है कि सूरजमल की चौदह रानियां थीं। फ्रांसू ने सूरजमल की छः रानियों के नाम दिए हैं जिनमें से महारानी किशोरी तथा महारानी हँसिया अधिक प्रसिद्ध हुई हैं। महारानी किशोरी, होडल के चौधरी काशीराम की पुत्री थी। रानी हँसिया, सलीमपुर कलाँ के चौधरी रतीराम जाट की पुत्री थी। उसकी अन्य रानियों के नाम गंगा, कल्याणी गौरी तथा खट्टू थे। रानी खट्टू, सूरजमल की खास रानी थी। महारानी हँसिया तथा महारानी किशोरी में राजनीतिक सूझबूझ भी थी जिसके कारण संकट के समय में उन्होंने महाराजा सूरजमल का साथ निभाया। जब महाराजा सूरजमल का निधन हो गया और मराठे जाटों के राज्य को समाप्त करने पर उतारू हो गए तब महारानी किशोरी ने मराठों से मार्मिक अपील की कि वे जाटों के एकमात्र राज्य को नष्ट न करें। मराठों ने उसकी बात मान ली तथा जाटों के राज्य को बने रहने दिया।

महाराजा सूरजमल की संतति

महाराजा सूरजमल को चार रानियों से पांच पुत्र- जवाहरसिंह, रतनसिंह, नवलसिंह, राणजीतसिंह तथा नाहरसिंह हुए। माना जाता है कि इनमें से जवाहरसिंह तथा रतनसिंह राजपूत रानी के पेट से जन्मे थे। रणजीतसिंह तथा नाहरसिंह जाट रानियों से उत्पन्न हुए थे जबकि नवलसिंह की माता माली जाति की थी। महारानी किशोरी ने राजकुमार जवाहरसिंह को गोद ले लिया था। जब जवाहरसिंह ने अपने पिता से विद्रोह किया

तब महारानी किशारी ने ही जवाहरसिंह की रक्षा की और उसे क्षमा दिलवाने में महत्त्वपूर्ण भूमिका निभाई।

कला एवं साहित्य को संरक्षण

महाराजा सूरजमल को कला एवं साहित्य से बड़ा अनुराग था। उसके दरबार में सूदन, सोमनाथ, अखयराज, शिवराम, वृंदावनदास, कलानिधि, सुधाकर एवं हरवंश आदि बहुत से कवियों को संरक्षण प्राप्त था। सूदन उसका मुख्य दरबारी कवि था। वह महाराजा के साथ समस्त प्रमुख युद्धों में उसके साथ रहा तथा महाराजा द्वारा किए गए युद्धों का वर्णन अपने ग्रंथ सुजान चरित्र में किया। उसके दरबारी कवि सोमनाथ ने सुजान विलास, ब्रजेन्द्र विनोद, माधव विनोद, ध्रुव विनोद, शशिनाथ विनोद, प्रेम पचीसी, संग्राम दर्पन, रास पियूष निधि, शृंगार विलास, रामचरित रत्नाकर तथा कृष्ण लीलावती आदि कई ग्रंथ लिखे।

महाराजा सूरजमल ने सोमनाथ को राज्य का दान-अध्यक्ष नियुक्त किया। सोमनाथ तथा कलानिधि ने सम्पूर्ण रामायण का हिन्दी में अनुवाद किया। कवि शिवराम सूरजमल की युवा अवस्था से ही कुम्हेर में उसके साथ रहा। सूरजमल ने उसकी कविता नवधा भक्ति रागरस सार के लिए ई.1735 में उसे 36 हजार रुपये दिये। कवि अखयराम ने सिंहासन बत्तीसी, विक्रम विलास तथा सुजान विलास की रचना की। उदयराम ने गिरिवर विलास एवं सुजान संवत् की रचना की। कवि दत्त की पुस्तक महाराजा सूरजमल की कृपान वीररस की श्रेष्ठ रचना है। महाकवि देव को भी भरतपुर राज्य में संरक्षण मिला। उसने सुजान विनोद नामक ग्रंथ की रचना की।

❑❑❑

महाराजा सूरजमल द्वारा भवनों एवं उद्यानों का निर्माण

अकबर तथा शाहजहां के काल में आगरा, फतेहपुर सीकरी तथा दिल्ली आदि अनेक नगरों में अनेक भव्य भवनों का निर्माण किया गया। ये भवन मुगलों की शान के प्रतीक बन गए। ई.1722 में राजा की उपाधि मिलने के बाद राजा बदनसिंह तथा उसके पुत्र सूरजमल ने डीग में शानदार भवनों के निर्माण का निर्णय लिया ताकि उनका राज्य भी उसी तरह शानदार दिखाई दे जिस तरह मुगलों और राजपूतों के राज्य दिखाई देते थे। उस काल में बड़ी संख्या में शिल्पकार एवं उनके सहायक, रोजगार के लिए मारे-मारे फिरते थे क्योंकि उन्हें औरंगजेब के बादशाह बनने के बाद भवन निर्माण का काम मिलना बंद हो गया था।

जिन सिद्धहस्त शिल्पियों ने लाल किले, ताजमहल और बुलंद दरवाजे जैसे महान निर्माण किए थे उनके परिवार इस समय भूखे मर रहे थे। इसलिए शिल्पकारों के झुण्ड दूर-दूर से बदनसिंह तथा सूरजमल के दरबार में आकर काम मांगने लगे। शिल्पकारों को उनकी इच्छा के अनुसार भवनों के निर्माण का काम दिया जाता था।

शिल्पियों को रोजगार देने के लिए राजा बदनसिंह तथा राजकुमार सूरजमल ने अपने खजाने के मुंह खोल दिये।

भरतपुर दुर्ग

ई.1725 के आसपास डीग के किले, भवनों एवं उद्यानों का निर्माण करवाया गया। राजा बदनसिंह के लिए लालपत्थरका मकान बनाया गया जो वर्तमान में चिकित्सा विभाग के पास है। डीग के किले, उद्यानों, झीलों, महलों, कुण्डों और मंदिरों का काव्यमय वर्णन सूरजमल के राजकवि सोमनाथ द्वारा रचित सुजान-विलास में मिलता है। बांसी पहाड़पुर से संगमरमर और बरेठा से लाल पत्थर, भरतपुर, कुम्हेर और वैर तक पहुचाया जाना एक दुष्कर कार्य था। इसके लिए 1000 बैलगाड़ियां, 200 घोड़ा गाड़ियां, 1500 ऊँट गाड़ियां और 500 खच्चरों को काम पर लगाया गया। इन चार स्थानों पर विशाल भवनों तथा वृन्दावन, गोवर्धन और बल्लभगढ़ में अनेक मंदिरों का निर्माण करवाने में लगभग 20 हजार स्त्री पुरुष लगभग एक चौथाई शताब्दी तक रात-दिन काम में जुटे रहे। वृंदावन में महाराजा सूरजमल की दो बड़ी रानियों- गंगा और मोहिनी ने एक सुंदर भवन बनवाया। डीग से पंद्रह मील पूर्व की ओर, सहार में बदनसिंह ने एक सुंदर भवन बनवाया, जो बाद में उसका निवास स्थान बन गया।

इन निर्माणों के कारण डीग एक सुंदर उद्यान नगर बन गया जिसका वैभव आगरा, दिल्ली और जयपुर से होड़ करता था। डीग से बीस मील दक्षिण-पश्चिम में स्थित सोघर के जंगल काटकर दलदल पाट दी गई तथा वहाँ विशाल एवं भव्य भरतपुर का किला बनाया गया। डीग का मुख्य भवन गोपाल भवन ई.1745 तक बनकर पूरा हुआ। यह पूरा भवन लाल पत्थर से बना है। गोपाल भवन के सामने एक अत्यंत

सुंदर संगमरमर का झूला है, इसे सूरजमल दिल्ली से बैलगाड़ियों में लदवाकर लाया था। इसकी चौकी पर 1630-31 की तिथि अंकित है।

डीग के महल

ई.1732 में सूरजमल ने भरतपुर नगर के दक्षिणी हिस्से में लोहागढ़ नामक दुर्ग बनवाना आरम्भ किया। इस दुर्ग का निर्माण आठ साल में पूरा हुआ। इनमें दो खाइयां भी सम्मिलित थीं।पहली खाई, शहर की बाहरवाली चारदीवारी के पास थी और दूसरी कम चौड़ी किंतु अधिक गहरी खाई, दुर्ग को घेरे हुए थी। इस दुर्ग पर ई.1805 में लॉर्ड लेक ने चार माह लम्बा घेरा डाला किंतु 3000 से अधिक अंग्रेज सिपाहियों को खोकर भी लेक सफल नहीं हो सका और उसे भरतपुर के तत्कालीन महाराजा रणजीतसिंह से संधि करनी पड़ी। डीग और भरतपुर के बीच कुम्हेर तथा वैर में अपेक्षाकृत छोटे दुर्ग बनाये गए। वैर में सूरजमल का छोटा भाई प्रतापसिंह रहता था। भरतपुर तथा डीग के बीच स्थित कुम्हेर में राजा सूरजमल ने अपनी रानी हँसिया के लिए भव्य महलों का निर्माण करवाया।

❑❑❑

संदर्भ सूची

- अर्सकिन, इम्पीरियल गजेटियर ऑफ इण्डिया, बुक्स ट्रीजर, जोधपुर, मूल वर्ष 1908, पुनर्मुद्रण वर्ष 2007.
- उपेन्द्रनाथ शर्मा, जाटों का नवीन इतिहास (दो खण्ड), ब्रजेन्द्र बहादुर सूरजमल, ओरिजिन्लस, दिल्ली।
- डॉ. गिरीश चन्द्र द्विवेदी (अनुवाद- अनंतराम गौड़, सम्पादक- डॉ. वीरसिंह), जाट और मुगल साम्राज्य, ओरिजिन्लस, दिल्ली।
- जदुनाथ सरकार, फॉल ऑफ दी मुगल एम्पायर, 4 खण्ड, ओरिएंट लौंगमैन, वर्ष 1934.
- डॉ. नत्थनसिंह, इतिहास–पुरुष महाराजा सूरजमल, महाराजा सूरजमल स्मारक शिक्षा संस्था, नई दिल्ली।

  तथ्यों के परिप्रेक्ष्य में जाट–इतिहास, जाट समाज कल्याण परिषद्, ग्वलियर, वर्ष 2004.
- कुं. नटवरसिंह, महाराजा सूरजमल, (अनुवादक- वीरजी), राधाकृष्ण, नई दिल्ली, वर्ष 2006.
- डॉ. मोहनलाल गुप्ता, भरतपुर संभाग का सांस्कृतिक एवं ऐतिहासिक अध्ययन, तृतीय संस्करण, राजस्थानी ग्रंथागार, जोधपुर, वर्ष 2011.
- डॉ. मोहनलाल गुप्ता, जयपुर संभाग का सांस्कृतिक एवं ऐतिहासिक अध्ययन, तृतीय संस्करण, राजस्थानी ग्रंथागार, जोधपुर, वर्ष 2010.
- फादर फ्रांस्वा ग्जाविये वैंदेल, एन एकाउण्ट ऑफ दी जाट किंगडम (मूल फ्रैंच में) अनुवाद, औंर्म मैन्युस्क्रिप्ट, इण्डिया ऑफिस लाइब्रेरी, लंदन।

❑❑❑

8
महाराज सूरजमल भरतपुर

बिक्री हेतु उपलब्ध डॉ. मोहनलाल गुप्ता की पुस्तकें

विश्व इतिहास

1. हिन्दुत्व की छाया में इण्डोनेशिया, हार्ड बाउण्ड, पृष्ठ–176, मूल्य 350 रु. (ऑफसेट प्रिंटिंग, डिमाई साइज)
2. पोप के देश में ग्यारह दिन, हार्ड बाउण्ड, पृष्ठ 340– मूल्य 650 रुपए। (डिजिटल प्रिंटिंग, रॉयल साइज)
3. कैसे बना था पाकिस्तान, हार्ड बाउण्ड, पृष्ठ 372, मूल्य 750 रुपए। (डिजिटल प्रिंटिंग, रॉयल साइज)

भारत का इतिहास

(क्रम संख्या 1 से 3 तक सभी पुस्तकें डिजिटल प्रिंटिंग, रॉयल साइज)

1. लाल किले की दर्दभरी दास्तान, हार्ड बाउण्ड, पृष्ठ 696, मूल्य 1350 रु.
2. भारत में साम्प्रदायिकता की समस्या एवं हिन्दू प्रतिरोध, हार्ड बाउण्ड, पृष्ठ 442, मूल्य 995 रुपए
3. भारत के मुगलकालीन प्रमुख भवन, पेपरबैक, पृष्ठ–208, मूल्य 250 रुपए।

(क्रम संख्या 4 से 10 तक सभी पुस्तकें ऑफसेट प्रिंटिंग, डिमाई साइज)

4. भारत की सभ्यता एवं संस्कृति का इतिहास, पैपरबैक, पृष्ठ–208, मूल्य 395 रु.
5. प्राचीन भारत का इतिहास, पेपरबैक, पृष्ठ–360, मूल्य 350 रुपए।
6. मध्यकालीन भारत का इतिहास, पेपरबैक, पृष्ठ–608, मूल्य 400 रुपए।
7. आधुनिक भारत का इतिहास, पेपरबैक, पृष्ठ–760, मूल्य 450 रुपए।
8. प्राचीन भारत का इतिहास, हार्ड बाउण्ड, पृष्ठ–360, मूल्य 350 रुपए।
9. मध्यकालीन भारत का इतिहास, हार्ड बाउण्ड, पृष्ठ–624, मूल्य 695 रुपए।
10. आधुनिक भारत का इतिहास, हार्ड बाउण्ड, पृष्ठ–760, मूल्य 450 रुपए।

राजस्थान का इतिहास

(क्रम संख्या 1 से 6 तक सभी पुस्तकें डिजिटल प्रिंटिंग, रॉयल साइज)

1. ब्रिटिश शासन में राजपूताने की रोचक एवं ऐतिहासिक घटनाएँ, हार्ड बाउण्ड, पृष्ठ–344, मूल्य 650 रुपए।
2. राजपूताना के सक्षम राज्यों का भारतसंघ में विलय एवं राजस्थान में एकीकरण, हार्ड बाउण्ड, पृष्ठ–344, 650 रुपए।
3. राजशाही का अंत, हार्ड बाउण्ड, पृष्ठ–360, मूल्य 700 रुपए।
4. किशनगढ़ राज्य का इतिहास, हार्ड बाउण्ड, पृष्ठ–216, मूल्य 450 रुपए।
5. राजस्थान के प्रमुख अभिलेखागार, पेपरबैक, पृष्ठ–240, मूल्य 122 रुपए।
6. राजस्थान के प्रमुख संग्रहालय, पेपरबैक, पृष्ठ–264, मूल्य 396 रुपए।

(क्रम संख्या 7 से 16 तक सभी पुस्तकें ऑफसेट प्रिंटिंग, डिमाई साइज)

7. अजमेर का वृहत् इतिहास, हार्ड बाउण्ड, पृष्ठ–440, मूल्य 600 रुपए।
8. राष्ट्रीय राजनीति में मेवाड़ का योगदान, हार्ड बाउण्ड, पृष्ठ–296, मूल्य 250 रु.
9. राजस्थान के ऐतिहासिक दुर्ग, हार्ड बाउण्ड, पृष्ठ–400, मूल्य 600.
10. नागौर का राजनीतिक एवं सांस्कृतिक इतिहास, हार्डबाउण्ड, पृष्ठ– 336, मूल्य 200 रुपए।
11. अजमेर संभाग का जिलेवार सांस्कृतिक एवं ऐतिहासिक अध्ययन, हार्ड बाउण्ड, पृष्ठ–212, मूल्य 250 रुपए।
12. कोटा संभाग का जिलेवार सांस्कृतिक एवं ऐतिहासिक अध्ययन, हार्ड बाउण्ड, पृष्ठ–136, मूल्य 200 रुपए।
13. बीकानेर संभाग का जिलेवार सांस्कृतिक एवं ऐतिहासिक अध्ययन, हार्ड बाउण्ड, पृष्ठ–174, मूल्य 250 रुपए।
14. भरतपुर संभाग का जिलेवार सांस्कृतिक एवं ऐतिहासिक अध्ययन, हार्ड बाउण्ड, पृष्ठ–184, मूल्य 250 रुपए।

15. जयपुर संभाग का जिलेवार सांस्कृतिक एवं ऐतिहासिक अध्ययन, हार्ड बाउण्ड, पृष्ठ–296, मूल्य 400 रुपए।
16. उदयपुर संभाग का जिलेवार सांस्कृतिक एवं ऐतिहासिक अध्ययन, हार्ड बाउण्ड, पृष्ठ–290, मूल्य 400 रुपए।
17. जोधपुर संभाग का जिलेवार सांस्कृतिक एवं ऐतिहासिक अध्ययन, हार्ड बाउण्ड, पृष्ठ–372, मूल्य 450 रुपए।

इतिहास पुरुष

(क्रम संख्या 1 से 7 तक सभी पुस्तकें ऑफसेट प्रिंटिंग, डिमाई साइज)

1. सरदार वल्लभभाई पटेल, हार्ड बाउण्ड, पृष्ठ–208, मूल्य 300 रुपए।
2. हल्दीघाटी का युद्ध और महाराणा प्रताप, हार्ड बाउण्ड, पृष्ठ–128, मूल्य 200 रु.
3. युगनिर्माता सवाई जयसिंह, पेपरबैक, पृष्ठ–72, मूल्य 100 रुपए।
4. युगनिर्माता राव जोधा, हार्ड बाउण्ड, पृष्ठ–80, मूल्य 150 रुपए।
5. युगपुरुष भैंरोसिंह शेखावत, पेपरबैक, पृष्ठ–32, मूल्य 35 रुपए।
6. क्रांतिकारी बारहठ केसरीसिंह, पेपरबैक, पृष्ठ–80, मूल्य 100 रुपए।
7. राजस्थान रत्न 2012, पेपरबैक, पृष्ठ–32, मूल्य 35 रुपए।
8. महाराजा सूरजमल का युग एवं प्रवृत्तियाँ, पेपरबैक, पृष्ठ–120, मूल्य 190 रुपए। (डिजिटल प्रिंटिंग, रॉयल साइज)

कहानी संग्रह

(क्रम संख्या 1 से 3 तक सभी पुस्तकें ऑफसेट प्रिंटिंग, डिमाई साइज)

1. देखे हुए दिन, हार्ड बाउण्ड, पृष्ठ–134, मूल्य 95 रुपए।
2. एक प्लेनेट की मौत, हार्ड बाउण्ड, पृष्ठ–104, मूल्य 80 रुपए।
3. घर चलो माँ, हार्ड बाउण्ड, पृष्ठ–152, मूल्य 150 रुपए।

ऐतिहासिक उपन्यास

(क्रम संख्या 1 से 3 तक सभी पुस्तकें ऑफसेट प्रिंटिंग, डिमाई साइज)

1. संघर्ष, हार्ड बाउण्ड, पृष्ठ–216, मूल्य 200 रुपए।
2. चित्रकूट का चातक, हार्ड बाउण्ड, पृष्ठ–300, मूल्य 300 रुपए।
3. पासवान गुलाबराय, हार्ड बाउण्ड, पृष्ठ–280, मूल्य 300 रुपए।
4. भगवान कल्याणराय के आँसू और महाराजा रूपसिंह, हार्ड बाउण्ड, पृष्ठ–136, मूल्य 250 रुपए।
5. चित्रकूट का चातक, हार्ड बाउण्ड, पृष्ठ–380, मूल्य 600 रुपए। (डिजिटल प्रिंटिंग, रॉयल साइज)

व्यंग्य संग्रह

1. एक उल्लू का सांस्कृतिक चिंतन, हार्ड बाउण्ड, पृष्ठ–122, मूल्य 75 रुपए। (ऑफसेट प्रिंटिंग, डिमाई साइज)
2. सब काहू से बैर, हार्ड बाउण्ड, पृष्ठ–104, मूल्य 80 रुपए। (ऑफसेट प्रिंटिंग, डिमाई साइज)

नाटक संग्रह

1. सपनों का राजकुमार एवं अन्य नाटक, हार्ड बाउण्ड,पृष्ठ–144, मूल्य– 95 रुपए, (ऑफसेट प्रिंटिंग, डिमाई साइज)

पुराणों की कथाएँ

(क्र.सं. 1 से 4 तक सभी पुस्तकें डिजिलट प्रिंटिंग, रॉयल साइज, पैपर बैक)

1. सृष्टि निर्माण की कथाएँ, पृष्ठ–116, मूल्य 180 रुपए।
2. ईक्ष्वाकु राजाओं की कथाएँ, पृष्ठ–160, मूल्य 280 रुपए।
3. चंद्रवंशी राजाओं की कथाएँ, पृष्ठ–160, मूल्य 280 रुपए।
4. पौराणिक राक्षसों की कथाएँ, (प्रकाशनाधीन)

पर्यटन

(क्रम संख्या 1 से 2 तक सभी पुस्तकें डिजिटल प्रिंटिंग, रॉयल साइज)

1. राजस्थान में पर्यटन स्थलों का प्रबंधन तथा लोककलाओं का संरक्षण, हार्ड बाउण्ड, पृष्ठ–240, मूल्य 450 रुपए।
2. Cultural Tourism in Marwar Region of Thar Desert, Hard Bound, Pages 320, Price Rs.600.

(क्रम संख्या 3 से 6 तक सभी पुस्तकें ऑफसेट प्रिंटिंग, डिमाई साइज)

3. सूर्यनगरी जोधपुर, हार्ड बाउण्ड, पृष्ठ–104, मूल्य 150 रुपए।
4. दर्शनीय जयपुर, हार्ड बाउण्ड, पृष्ठ–174, मूल्य 250 रुपए।
5. दर्शनीय जालौर, हार्ड बाउण्ड, पृष्ठ–128, मूल्य 125 रुपए। आउट ऑफ स्टॉक।
6. Discover Jodhpur, Paper Back, Pages 100, Price Rs.50,)

राजस्थान से सम्बंधित अन्य ग्रंथ

(क्रम संख्या 1 से 8 तक सभी पुस्तकें ऑफसेट प्रिंटिंग, डिमाई साइज)

1. राजस्थान में वन एवं वन्य जीवन, हार्ड बाउण्ड, पृष्ठ–254, मूल्य 350.
2. राजस्थान की पर्यावरणीय संस्कृति, हार्ड बाउण्ड, पृष्ठ–270, मूल्य 695.
3. राजस्थान ज्ञानकोश (वर्ष 2016), हार्ड बाउण्ड, पृष्ठ–856, 900 रुपए।
4. राजस्थान सूचना सार (वर्ष 2001), हार्ड बाउण्ड, पृष्ठ–166, 250 रुपए।
5. राजस्थान की जनगणना 2011 तथा उसके संदर्भ, पंचम संस्करण, पेपरबैक, पृष्ठ–48, मूल्य 60 रुपए।
6. राजस्थान में आरक्षित जातियाँ, पेपरबैक, पृष्ठ–32, मूल्य 50 रुपए।
7. राजस्थान शताब्दी ग्रंथ– राजस्थान लेखक परिचय कोश, राजस्थान के 700 लेखकों का सचित्र जीवन परिचय, हार्ड बाउण्ड, वर्ष 2002, पृष्ठ–280, मूल्य 400 रुपए।
8. कर्मयोगी राजस्थानी, 101 राजस्थानियों के जीवन परिचय पर आधारित, हार्ड बाउण्ड, पृष्ठ–312, मूल्य 600 रुपए।

हिन्दी गजल संग्रह

1. अभी तो चलो यहाँ से, पेपरबैक, पृष्ठ-64, मूल्य 40 रुपए। (ऑफसेट प्रिंटिंग, डिमाई साइज)।

पुस्तकें क्रय करने के नियम

1. पुस्तकें हमारी वैबसाइट www.rajasthanhistory.com पर राशि का भुगतान करके खरीदी जा सकती हैं।
2. डाक से पुस्तकें मंगवाने के लिए सम्पर्क करें- शुभदा प्रकाशन 63, सरदार क्लब योजना, वायुसेना क्षेत्र जोधपुर, पिन 342011, राजस्थान।
3. सैलफोन 94140 76061 अथवा ई-मेल mlguptapro@gmail.com पर भी सम्पर्क कर सकते हैं।
4. 100 रुपए से कम मूल्य के ऑर्डर पर पुस्तक मूल्य के साथ 40 रुपए (डाकव्यय एवं पैकिंग शुल्क) जोड़कर भेजें।
5. 100 रुपए अथवा उससे अधिक मूल्य के ऑर्डर पर डाक एवं पैकिंग व्यय निःशुल्क होगा।
6. 500 रुपए अथवा उससे अधिक मूल्य के ऑर्डर पर डाक एवं पैकिंग व्यय निःशुल्क होगा तथा मुद्रित मूल्य पर 15 प्रतिशत छूट उपलब्ध रहेगी।
7. लाल किले की दर्दभरी दास्तान पर डाक एवं पैकिंग व्यय निःशुल्क तथा 50 प्रतिशत की छूट उपलब्ध है।
8. यदि आप ऑनलाइन परचेजिंग के अभ्यस्त नही हैं तथा वैबसाइट से पुस्तक नहीं खरीद पाते हैं तो पुस्तक राशि का भुगतान शुभदा प्रकाशन के पंजाब नेशनल बैंक में स्थित चालू खाते में एनईएफटी से अथवा नगद जमा करवा कर हमें व्हाट्सएप नम्बर 9414076061 अथवा ईमेल mlguptapro@gmail.com पर अपना नाम, पता, पिनकोड, सैलफोन नम्बर भेजकर सूचित कर सकते हैं।

बैंक खाते का विवरण इस प्रकार से है-

Name of account holder - **Shubhada Prakashan**
Name of Bank - Punjab National Bank,
Name of Branch - Shastri Nagar, Jodhpur
Account Number - 1497 0021 0001 1600,
IFS Code - PUNB0149700

Our Websites

www.rajasthanhistory.com
www.bharatkaitihas.com

Google App

Rajasthanhistory By Shubhda Prakashan

YouTube Channels

Glimpse of Indian History By Dr. Mohanlal Gupta
Stories FromHindu Dharma (हिन्दू धर्म की कथाएँ)
Dipti Tayal's World OF Indian History ❑❑❑